# 재불림

# 행복한 투자 재불림

**초판 1쇄**  2013년 06월 14일

**지은이**  김영광
**발행인**  김재홍
**기획편집**  김태수, 이은주
**디자인**  권다원
**마케팅**  이연실

**발행처**  도서출판 지식공감
**등록번호**  제396-2012-000018호
**주소**  경기도 고양시 일산동구 견달산로225번길 112
**전화**  031-901-9300
**팩스**  031-902-0089
**홈페이지**  www.bookdaum.com

**가격**  14,000원
**ISBN**  978-89-97955-66-4  03320

**CIP제어번호**  CIP2013007268
이 도서의 국립중앙도서관 출판시 도서목록(CIP)은 e-CIP 홈페이지(http://www.nl.go.kr/ecip)에서 이용하실 수 있습니다.

# 행복한 투자 재불림

**"행복하고 풍요로운 인생을 위한 투자관리의 비법"**

부자가 된 이후 행복도 중요하지만, 부자가 되기까지 긴 시간 동안 행복하게 사는 것이
더 중요하다고 생각한다. 그래서 행복하게 일해야 하고, 행복하게 투자활동을 해야 한다.

| 김영광 지음 |

지식공감

누구나 돈을 버는 목적은 행복이라고 말하지만, 요즘 사회를 보면 돈을 버는 과정 중에 행복이 사라진 것 같은 느낌을 많이 받는다. 돈 혹은 부유함이 다른 사람을 판단하는 제1기준이 되면서 사람들은 돈 버는 것 자체를 목적으로 삼는 경향이 있다. 부의 규모가 목적이다 보니 일하고 투자하는 과정 중에 많은 스트레스를 받게 되고, 조금만 돈이 된다고 소문난 곳에 돈이 몰리기도 한다.

사실 과거의 역사나 투자관점에서 보면 어설프게 돈이 쏠리는 곳에서 투자수익을 기대하기는 어렵고 오히려 실패할 확률이 더 높다. 그리고 스트레스를 많이 받으면 올바른 저축 및 투자에 대한 의사결정을 하기도 어렵다. 어찌 보면 돈을 벌고 모으는데 엄청난 에너지를 쏟고 있지만, 정작 그 결과는 노력 대비 매우 낮은 상태인 것이다.

나는 이런 투자의 비효율성에 대해 안타까운 심정을 가져 왔다. 목적과 과정이 뒤엉킨, 방향성 없이 빨리 달리기만 하는 투자시대에서

잠시 발걸음을 멈춰 투자의 목적과 과정을 재정립하고, 투자자들이 자신의 행복을 위해 자신이 설계한 방향으로 스트레스를 받지 않고 투자생활을 할 수 있도록 도움을 주고 싶었다. 물론 본서가 이런 의도를 다 구현해 냈다고 볼 수는 없지만, 이런 방향성에 대한 첫 시도만으로도 의미가 있다고 생각한다.

　본서의 내용은 변화의 필요, 위험의 이해, 금융의 기초, 투자원리, 자산배분, 실전투자의 6가지 주제로 구성되었다. 각 부분의 개별 개념을 설명하면서 통합 관점의 유기적 흐름을 놓치지 않으려 노력했지만, 중요한 의사결정 문제에 봉착하였다. 독자의 편이를 위해 많은 것을 쉽게 전달하려다 보니 금융의 구조적인 틀이 가려지는 단점을 발견하였다. 이것은 우선순위의 문제이기 때문에 나는 금융의 구조적인 틀을 전달하는 것을 제1기준으로 선택하였다. 독자들에게 금융의 골격 개념을 명확히 전달하고, 독자들은 시시각각 변하는 금융시장에서 스스로 판단하고 적응하는 것이 중요하다고 생각한 것이다. 이런 기조에서 글을 쓰다 보니 몇몇 독자들은 이 책이 꼭 쉽지만은 않다는 것을 느낄 수도 있을 것이다. 그러나 약간 어려운 부분도 여러 번 읽다 보면 구조가 보이기 시작할 것이고, 전체적으로 통독을 하면 금융생활의 청사진이 남을 것으로 확신한다. 이것이 바로 재불림의 시작이고, 원동력이다.

　사실 이런 의도를 구현하는 것은 쉽지 않은 일이었다. 시중에 많은 재테크 서적이나 전문 교과서들이 있으나, 개인의 위험관리, 투자이론, 투자환경, 투자원리, 투자사례 등을 유기적으로 엮어낸 책은 찾

아보기 힘들었다. 직접적인 벤치마킹 대상이 없다 보니 많은 것을 혼자 해결해야 했다. 학창시절 이용하던 교재, CFA(국제재무분석사) 준비교재, 시중의 재테크 관련 서적, 각 금융기관 및 협회의 홈페이지 자료, 경제신문기사 등과 필자가 금융기관에 근무하면서 얻은 실무지식을 바탕으로 한 줄씩 글을 이어 나갔다. 방향성이 없는 자료를 모아 하나의 새로운 개념과 문단을 만드는 '모자이크' 방식으로 재불림 글을 완성한 것이다.

이 책은 개인투자자의 재불림을 위해 집필되었지만, 개인투자자 이외 많은 사람들에게 활용될 수 있을 것이다. 이론적으로 너무 가볍지 않게 하면서 사례를 더하는 방식으로 글을 전개하였기 때문에 금융기관의 금융상품 판매직원, 보험설계사, 금융기관 취업을 희망하는 대학생 등 다양한 계층에 도움을 줄 수 있을 것으로 기대한다.

또한 한 가지 바람이 있다면 이 책이 펀드시장 등 간접투자시장의 온기를 살리는 불씨가 되었으면 하는 것이다. 재불림 관점에서 개인투자자에게 매우 소중한 간접투자시장이 침체되고, 외면 받는 현실은 너무나도 안타까운 상황이다. 간접투자시장이 다시 조명을 받아 그 순기능을 다하여 투자자의 진정한 재불림 마당이 되길 기대해 본다.


마지막으로 긴 기간 동안 소중한 알갱이 시간을 원고 집필에 쓸 수 있도록 배려해준 아내 은지와 아빠의 빈 시간을 잘 참아준 윤이와 겸이에게 고맙다는 말을 전하고 싶다.

# CONTENT

행 복 한 　 투 자 　 재 불 림

# PART 01

# 투자에 변화가 필요하다

# 재테크에서 재불림으로

　요즘 사람들의 가장 큰 관심사 중 하나는 재테크일 것이다. 이런 상황을 반영하듯 재테크 관련 서적도 넘쳐나고 있다. 재(財)와 테크(Technology)의 합성어인 재테크는 기계적으로 해석하면 돈을 버는 기술을 의미한다. 단어를 처음 사용한 사람의 의도는 이와 달랐겠지만, 현재 재테크라는 용어는 돈을 많이 벌 수 있는 기술 정도의 의미로 좁혀 사용되고 있다. 수많은 재테크 서적들이 '경매로 ~억 만들기', '부동산으로 ~억 만들기', '주식투자 대박 터트리기'의 제목으로 출간되는 것도 이와 무관하지 않다.

　이런 결과 중심적인 재테크 열풍은 많은 사람들을 허탈하게 하고 있다. 재테크를 하지 않으면 어딘가 모르게 불안하고, 주위의 투자 성공 얘기만 들어도 마음이 조급해진다. '재테크'란 용어는 어느 순간부터 재산을 증식시키는 방법이나 활동의 대명사가 되었지만, 재테크 용어 자체가 사람들을 심리적으로 압박하는 상황에 이른 것이다. 부

(富) 즉, 돈은 사람들이 생활하는데 없어서는 안될 중요한 생활 도구이다. 그러나 이것은 행복을 위한 수단이지 이것 자체가 목적은 아니다. 그런데 재테크가 막연한 불안감으로 다가오고 있다. 이러한 현실에서 나는 일반 사람들이 자신의 투자활동을 통해 만족감을 느낄 수 있는 행복한 투자과정에 대해 고민해 왔다. 투자의 목적과 과정을 재정립하여 막연한 불안감에서 행복한 계획으로 투자의 중심을 옮기고 싶었고, 그래서 일반 사람들이 부 자체뿐만 아니라 부를 늘려가는 과정에서도 행복을 느끼게 도와주고 싶었다.

'재테크'라는 단어는 대중적 언어임에도 불구하고, 기존 기술적 이미지로 인해 행복한 투자과정을 표현하는데 한계가 있다고 생각한다. 대신 행복한 투자과정의 철학을 담은 '재불림' 용어를 사용하여, 현재의 행복까지 포괄할 수 있는 투자의 역할, 이런 역할에 충실한 투자원리 및 투자과정을 설명하고자 한다.

'재불림'에서 불림은 증가를 의미하는 순 우리말로 다음의 예는 불림의 이미지를 잘 보여주고 있다. 우리는 생존하기 위해 밥을 먹지만, 밥을 먹으면 배가 부르다. 밥을 먹을 때의 행복과 먹고 나서의 포만감인 배부름은 생존의 요건이자 곧 기쁨이다. 콩나물시루도 불림의 좋은 예이다. 옛날 시골에서는 콩나물을 시루에서 직접 길렀다. 시루에 콩을 넣고 물을 계속 부으면 콩이 자라면서 불어난다. 그 불어나는 과정을 보면 절로 마음이 넉넉해진다. 이게 바로 재불림의 이미지이다. 재불림은 기교적 투자에 의한 재산 증가가 아닌 일반 투자자의 만족을 담은 재산의 불림이다. 생활의 필요를 위해 저축을 하고 재산을 증식시키지만, 배부름의 포만감처럼 그 과정에서 만족감을 느껴

야 한다.

요즘 수많은 투자정보가 쏟아지고 있지만, 오히려 이 많은 정보가 투자결정에 방해가 될 때도 많다. 많은 정보들 사이에서 판단력이 흐려질 수도 있고, 이로 인해 잘못된 의사결정을 내릴 수 있다. 이런 상황 속에서 사람들이 효율적으로 저축을 하고, 미래의 위험에 대비하기란 여간 어려운 게 아니다. 일부 금융기관에서 맞춤형 PB서비스를 제공하고 있지만, 대부분 거액자산가에게 편중되어 있는 게 현실이다.

상황이 어렵다고 손을 놓고 있을 수만은 없다. 이런 상황을 해결할 수 있는 방법은 능동적인 금융지식의 함양이다. 이런 금융지식은 수많은 정보 속에서 자신에게 필요한 정보를 선택할 수 있게 하고, 변화하는 경제 흐름을 읽게 하며, 자신의 상황에 맞는 투자방향을 설정할 수 있게 한다. 또한 금융지식을 취득하기 위한 능동적인 공부는 투자성과와 별개로 자신의 자존감을 높일 수도 있다.

투자에 있어서 만족감은 투자금액과 성과에 꼭 비례하는 것만은 아니다. 실질적인 만족은 투자의 성과뿐만 아니라 투자자의 참여과정에 의해서도 결정된다. 본인의 금융지식을 바탕으로 한 '스스로 투자'는 투자의 성과에 관계없이 만족감을 높일 수 있다. 이런 투자는 행복한 투자과정인 재불림의 속성과도 정확히 일치한다. 따라서 재불림을 위해 기본적인 금융지식을 익힐 필요가 있다.

# 저금리시대의 투자

은행의 예금금리가 10% 이상일 때가 있었다. 최근 금리가 3%대인 것을 감안하면 호랑이 담배 피던 시절 얘기 같기도 하다. 그 시절 금융권의 고금리가 가능했던 것은 경제적으로 고성장기였기 때문이다. 기업들은 높은 대출금리를 부담하면서도 성장할 수 있었고, 은행은 이런 대출을 기반으로 높은 예금금리를 제공할 수 있었다. 은행 예금의 금리가 높았기 때문에 은행 적금으로 목돈을 마련한 후 부동산에 투자하는 것이 공식이었고, 많은 사람들이 이런 방식으로 재산을 불려 나갔다.

1997년 외환위기 이후 우리 금융시장은 큰 변혁기를 맞이하게 된다. 외환위기 이후 우리 금융시장이 전면적으로 개방되면서 국내 금융시장에 대한 외국인의 투자가 급증하였다. 이는 한편으로 금융시장의 유동성을 풍부하게 하는 긍정요인이기도 하지만, 다른 한편으로 외국인 및 글로벌 시장의 커진 영향력으로 인해 시장의 변동성을

키우는 원인이 되고 있다.

 신자유주의 경제 아래 하나의 시장처럼 움직이던 글로벌 금융시장은 2008년 글로벌 금융위기를 기점으로 다시 한번 요동치게 된다. 미국의 집값이 급락하자 주택담보 대출을 기초로 구조화된 파생상품이 급격히 부실화되었다. 이로 인해 파생상품에 투자한 금융회사들의 손실이 급증하였고 일부 회사는 파산에 이르렀다. 손실이 증가한 금융회사들은 위험투자 및 신용거래 등을 일시에 중단하였고, 이는 금융시장의 기능 마비를 불러왔다. 미국 금융시스템에 균열이 생기자 전 세계 금융시장과 실물경제 역시 얼어붙게 되었다. 미국 및 유럽 정부는 금융시장을 정상화시키기 위해 돈을 무제한으로 풀었고, 이로 인해 늘어난 통화량은 전세계적인 금리 하락의 원인이 되었다.

 문제는 저금리 상태를 벗어나기가 쉽지 않다는데 있다. 미국은 실물경제 회복이 더뎌 기존의 양적 통화정책을 지속할 예정이고, 유럽도 남부유럽 국가의 국가재정난과 경제난을 해결하기 위해 돈을 더 풀어야 할 상황이다. 일본은 아베정부가 들어서면서 경기부양을 위해 돈을 무제한으로 찍어내고 있다. 우리나라도 경기침체와 원화강세의 지속으로 최근 기준금리를 인하하였다. 확실한 것은 전세계적인 저성장과 통화량의 증가로 금리 상승이 당분간은 어렵다는 것이고, 우리나라도 이런 기류에서 예외일 수 없다는 것이다

 저금리의 영향은 각 금융상품에서 본격적으로 나타나고 있다. 한국은행 통계시스템에서 집계한 정기예금(1년 이상~2년 미만) 금리는 2008년 10월 6.54%에서 2013년 3월 3.04%까지 하락하였고, 보험개발원에서 공시하는 공시기준이율은 2009년 1월 6.8%에서 2013년

6월 3.7%까지 하락하였다. 두 금리 모두 3%p 이상 하락한 것이다. 금융시장에서는 각 금리들이 연계되어 움직이기 때문에 은행권의 적금, 제2금융권의 예금, 증권사의 CMA 등 전반적인 금융상품의 금리가 하락하였다.

저금리의 지속은 변동금리형 대출자들에게는 긍정적인 소식이다. 하지만 목돈을 마련하려는 젊은 층이나 노후 자금을 운용하여 생활하는 퇴직자에게는 악재이다. 이렇다 보니 상대적으로 높은 금리가 지급되거나 절세 기능을 제공하는 상품에 자금이 광적으로 몰리고 있다. 이런 쏠림현상은 정상이 아닐뿐더러 투자효과도 미미하다. 금리 수준이 워낙 낮다 보니 약간의 가산금리나 절세가 재산형성에 기여하는 부분도 크지 않기 때문이다. 다만, 기분만 좋게 할 뿐이다.

이런 저금리 시대에는 주식, 펀드, ELS와 같은 위험상품이 부각될 수밖에 없다. 안전상품의 금리로는 재산형성, 생활비 충족 등에 있어 답이 나오지 않기 때문이다. 물론 위험상품 역시 과거 고금리 시대에 비하면 전체적으로 기대수익률이 낮아졌지만, 안정형 금리상품에 비하면 아직 기대수익률이 높은 수준이다.

기대수익률이 높다고 해서 위험상품에 무턱대고 투자할 수는 없다. 위험상품에 대한 투자결정은 신중해야 한다. 하지만 '신중'보다 더 중요한 항목이 있다. 바로 금융에 대한 지식이다. 손자병법에 '지피지기면 백전백승'이라는 말이 있듯이 금융시장과 해당 금융상품에 대한 기본지식이 전제된 상태에서만 위험상품의 수익을 기대할 수 있다. 현재 금융시장의 흐름과 투자대상 상품의 위험 특성을 무시한 위험자산 투자는 운에 맡기는 동전 던지기 게임에 불과한 것이다.

위험상품에 투자하는 데 있어 '자산배분'의 개념이 유용하게 활용될 수 있다. 물론 자산배분 역시 금융의 기본지식이 전제된 상태에서의 개념이다. 기관투자자 수준의 자산배분이 이루어지려면 여러 수익률과 위험에 대한 자료가 필요하고, 의사결정을 위해 복잡한 통계 지식을 알아야 하지만, 저금리를 탈피하려는 일반 투자자의 입장에서 보면 자산배분의 기본개념만 적용하여도 큰 효과를 볼 수 있다.

정리해서 말하자면 금융지식의 습득은 앞서 언급한 것과 같이 '스스로 참여 투자'에 의한 만족감 목적 이외 저금리 시대를 현명하게 살아가는 방법으로서도 의미가 크다. 이에 본서에서는 저금리 시대에 독자들이 제대로 된 재불림을 할 수 있도록 금융의 기본부터 실전 부문까지 체계적으로 전달하고자 한다.

# PART 02

# 위험관리를 알다

생활하는데 있어서 위험이 곳곳에 도사린다면 행복하기 어려울 것이다. 음주운전, 약품의 오남용 같은 위험은 조심하고 피하면 그만이다. 그러나 암, 자동차 사고, 화재 같은 위험은 마음대로 조절하기 힘들다. 한편, 주식투자처럼 기대수익률이 높은 종목에 투자할 때는 오히려 위험을 감수해야 한다. 어떤 위험이든지 체계적으로 관리될 때 비로소 우리는 불안에서 벗어날 수 있다. 위험의 체계적 관리란 위험의 특성을 정확히 알고 적극적으로 대처하는 것이다. 행복한 투자 재불림은 적극적 위험관리에서부터 출발한다.

# 재불림에서 위험이란?

## ■ 위험이란?

우리는 여러 가지 의미로 위험이란 용어를 사용하는데, 위험의 의미는 크게 세가지로 구분할 수 있다. 첫째, 손실(해로움)의 원인(peril)이다. 누군가 불을 보고 "위험해" 한다면 peril을 말하는 것이다. 둘째, 손실(해로움)의 증가 상태(hazard)이다. 아파트 건축 현장에서 안전모를 쓰지 않고 일하는 상태, 술 취한 채 운전하는 상태는 모두 hazard가 큰 상태인 것이다. 눈여겨봐야 할 위험의 마지막 의미로 리스크(Risk)를 들 수 있다. 리스크는 금융 관련 언론기사에서도 자주 등장하는 용어로 손실(해로움)의 개연성을 의미한다. 앞서 언급한 재불림과 관련된 위험도 바로 이 리스크 개념이다. 따라서 이후 이 글에서 다뤄지는 모든 위험은 리스크 개념으로 한정한다.

## ■ 순수위험 vs 투자위험

우리가 관심 있게 봐야 할 위험 즉, 리스크는 크게 순수위험(Pure

Risk)과 투자위험(Speculative Risk)으로 분류할 수 있다.

순수위험은 흔히 보험에서 말하는 위험이다. 암에 걸려서 본인의 생명은 물론 가족의 생계가 어려워지는 위험, 수출화물선이 침몰하여 수출품목을 분실할 위험 등이다. 이런 위험은 정상과 손실 사이에서 손실 상황에 대한 불확실성으로 표현된다. 사람들은 이런 불확실성을 제거하기 위해 보험제도를 도입하였다. 불확실성을 제거하고 싶은 사람은 그에 해당하는 비용만 지불하면 되는데, 그 비용이 바로 보험료이다. 이런 보험료가 모여 손실 사건에 대한 보험금으로 지급되기 때문에 보험료 수준은 보험사고의 빈도와 규모에 연동될 수밖에 없다. 미래 예측을 위한 가장 기본적인 방법이 과거 자료를 활용하는 것이기 때문에 통상 보험료는 과거의 보험사고 통계를 바탕으로 산출하게 된다. 생명보험회사의 생명표, 손해보험회사의 자동차사고율 등이 바로 그것이다. 보험료 산출을 위해 과거 자료뿐만 아니라 중요한 통계 법칙인 대수의 법칙(Law of Large numbers)도 적용된다. 대수의 법칙은 고려되는 경우가 많아질수록 추정손실률이 실제손실률에 근접한다는 이론이다. 보험사는 대수의 법칙을 전제로 손실률을 추정하고, 이를 바탕으로 일정 수 이상의 보험계약자를 모집하여 영업을 하고 있다.

투자위험은 투자, 도박과 같이 이익 혹은 손실이 발생하는 사건에서 해당 결과에 대한 불확실성으로 정의된다. 결과에 대한 불확실성이므로 투자위험의 수준은 실제 결과가 기대수준에서 벗어나는 정도로 측정된다. 사례를 통해 투자위험을 살펴보자. A투자상품은 상승 시 기대수익률 10%, 하락 시 기대수익률 −4%, B투자상품은 상

승 시 기대수익률 7%, 하락 시 기대수익률이 −1%라 가정하자. 각각 상승 및 하락 확률이 동일하다면, 두 상품의 평균 기대수익률은 3%로 동일하다. 하지만 투자위험은 A상품이 더 크다. A상품은 상승이든 하락이든 수익률 결과와 기대수익률의 차이가 7%p나 되지만, B상품은 실제 결과와 기대값의 차이가 4%p에 불과하다. A상품의 경우 실제 결과가 기대값(평균)에서 벗어나는 정도가 더 크기 때문에 불확실성 즉, 투자위험 역시 더 큰 것이다. 합리적인 사람은 동일한 수익률이 기대된다면 위험이 더 작은 투자를 선택할 것이다. 바꾸어 말하자면 위험이 더 크면 더 큰 기대수익률을 요구하게 된다는 것이다. 이 특성이 바로 사람들이 흔히 말하는 "High Risk, High Return"이다.

투자위험은 불확실성의 속성에 따라 크게 시장, 신용, 유동성위험으로 나뉠 수 있다. 시장위험은 시장가격의 움직임에 따라 투자자산의 가치가 변동하는 위험을 말한다. 주가 하락, 금리 급등으로 인한 채권가격의 하락, 유가 하락으로 인한 원자재펀드의 기준가격 하락 등이 모두 시장위험 범주에 속한다.

신용위험이란 거래상대방이 정상적으로 채무와 관련한 의무를 다하지 못해 발생하는 손실위험이다. 기업어음(CP) 및 회사채의 부도, 저축은행의 영업정지 등으로 인한 투자(예금) 원리금 손실 등이 대표적 신용위험의 예이다. 채무불이행 같은 신용사건은 발생빈도는 낮지만 발생할 경우 손실비율이 높은 특성이 있다. 따라서 개인투자자 역시 신용위험 관리에 유의할 필요가 있다.

유동성위험은 시장의 거래량 부족으로 자산을 제값에 매도하지 못

하거나, 기업 등이 단기차입금 관리에 실패할 위험이다. 최근 아파트 거래가 실종되고 전세금만 오르는 현상도 유동성위험을 보여주는 단적인 예이다. 경기침체로 인해 아파트 가격 상승에 대한 기대가 사라지면서 많은 사람들이 주택구매를 포기하고 전세를 택하고 있다. 아파트 거래가 급감하면서 대출을 통해 아파트를 구입한 하우스푸어들은 아파트를 팔고 싶어도 제값에 팔 수 없는 상황에 이르게 된 것이다. 과거엔 유동성위험이 크게 부각되지 않았지만, 최근에는 유동성위험 관리의 중요성이 높아지고 있다. 1998년 외환위기 때 많은 대기업들이 사라지고, 2008년 금융위기 때 많은 글로벌 투자은행들이 도산한 직접적인 이유도 유동성관리 실패에 있었다. 평상시 잘 보이지 않지만, 관리에 실패하면 치명적 손실을 초래하는 유동성위험에 대해 개인투자자들도 관심을 가질 때가 됐다.

# 위험은 관리해야 한다

## ■ 보험과 투자, 조절이 필요하다

가족에게 중대한 사고나 질병이 생기면 치료비용이 많이 든다는 것을 누구나 잘 알고 있다. 재산증식으로 이런 위험에 대비하는 사람이 있는가 하면, 보험을 통해 이런 위험을 보장받으려는 사람도 있다. 개인적 환경이 다르기 때문에 어느 것이 옳다고 말할 수는 없다. 다만, 확실한 것은 어느 방법이든 극단적인 것은 좋지 않다는 것이다. 보험 가입을 전혀 하지 않고 투자자산만으로 사고에 대비한다면 보험사고가 인생의 전반부에 발생했을 경우 위험에 충분히 대처하지 못할 수 있다. 반대로 투자엔 전혀 신경을 쓰지 않고 보험위주로 자산을 구성한다면, 위험보장 이외 재산증식으로 얻을 수 있는 실질적인 편익을 얻지 못할 수 있다. 재불림은 위험을 통제하며 행복한 삶을 사는 과

정이기 때문에 보험의 보장혜택과 재산증식의 편익 모두가 중요하다. 따라서 효율적인 위험관리 수단인 보험을 적극적으로 이용하되 위험 제거와 보험료증가 사이에서 적절한 선택을 해야 한다.

보험의 종류 및 보장수준 결정은 필수보험에서 출발하는 게 좋다. 교통사고, 암, 사망사고와 같이 비용이 크게 들거나 생활에 치명적인 영향을 주는 위험들은 반드시 보험을 통해 대비해야 한다. 이런 위험을 보장하는 대부분의 보장성보험들은 보험사건이 발생하지 않으면 소멸되기 때문에 아까운 것으로 생각될 수 있다. 하지만 보험사건이 발생했을 때 보장성보험은 매우 강력한 보호책이 되기 때문에 눈을 딱 감고 보험에 가입해야 한다. 이런 보험의 보험료는 필수 생활비용으로 생각하되, 기본 생활비, 투자금액, 유동성현금 수준 등을 고려하여 보장의 범위와 수준을 조절해 나간다. 여유가 있으면 보장의 범위와 수준을 확대하고, 기본생활비와 투자금액이 빠듯하면 핵심 위험에 대한 순수보장상품으로 보험의 범위와 보장수준을 좁혀나가야 한다.

보험은 발생확률은 낮지만 발생하면 손실이 큰 사고의 대비에 가장 효율적인 상품이기 때문에 이런 위험은 보험으로 보장하고, 나머지는 발생확률이 높은 현실에 투자하는 것이 좋다. 교육비용, 주택구매비용, 자동차구입비용 등은 향후 발생할 확률이 거의 90% 이상인 비용들이다. 이런 확정적 비용의 증가에 대응하기 위한 적절한 투자활동은 반드시 필요하다.

## ■ 투자위험은 관리의 대상이다

투자위험은 순수위험처럼 제거한다고 반드시 좋은 건 아니다. 앞서 말한 것처럼 재산증식은 꼭 필요하고, 일정 수준의 고위험/고수익 자산의 투자는 불가피하다. 재산을 불리는데 안정자산만으로는 한계가 있기 때문이다. 재산증식을 위해 투자위험은 피해야 할 대상이 아니라 적극적으로 관리해야 할 대상이다.

투자위험을 제대로 관리하기 위해서는 두 가지를 먼저 알아야 한다. 하나는 자신의 위험감수능력이고, 다른 하나는 투자상품의 구조와 위험이다. 이 두 가지를 아는 상태에서 자신의 상황에 맞는 투자상품을 선택하면 된다. 위험감수능력이 낮은데 고위험 상품에 투자하는 것도 문제지만, 높은 위험감수능력을 갖추고 있음에도 저위험 상품에만 투자하는 것도 적절하지 않다. 결국 중요한 것은 자신의 위험감수능력에 걸맞는 자산에 투자하는 것이다.

위험관리 노력에 따라 투자성과도 달라질 수 있다. 상품에 대한 연구를 많이 할수록 상품의 구조와 위험 등 기계적 지식뿐 아니라 상품에 대한 안목도 넓어지게 된다. 이와 함께 자신의 위험감수능력을 정확히 파악하고 있으면 특정 상품이 자신에게 적합한지 판단할 수 있다. 이런 과정이 반복되면 위험과 수익률 관점에서 특정 상품에 대해 투자해야 할 때와 하지 말아야 할 때를 알 수 있게 된다. 위험이 낮고 기대수익률이 높은 자산은 누구에게나 좋기 때문에 머뭇거리는 사람에겐 기회가 오지 않는다. 준비되지 않은 사람이 좋은 투자라고 판단할 때 쯤이면 이미 많은 사람들이 투자를 해서 가격이 비싸

진 이후이다. 위험/수익률 관점에서 이미 균형을 이루었기 때문에 더 취할 기회가 없는 것이다. 반대로 기대수익률에 비해 위험이 높은데도 항상 먼저 투자하는 사람은 투자실패 사례의 주인공이 될 확률이 높다. 투자위험을 철저히 관리하는 사람은 미리 자신과 상품에 대해 공부하고 시장의 흐름을 읽으면서, 기회가 왔을 때 과감히 투자할 수 있는 사람이다. 준비된 투자인 만큼 성공확률도 높을 수밖에 없다. 이것이 재불림의 지향점이다.

PART
03
금융의 기초를
닦는다

투자
금리
금융시장

위험관리에 이어 실전투자 부문을 바로 언급한다면 가슴이 답답해지는 독자들도 많이 있을 것이다. 무엇인가 건너뛴 것 같고, 투자지식이 산만하게 눈에 들어오는 느낌일 것이다. 왜 그럴까? 그것은 금융의 기초 부문에 대한 소개가 생략되었기 때문이다. 금융시장은 유기적으로 돌아가는 시장이기 때문에 실전투자기법과 같은 기술적 지식만으로는 시장 대응에 한계가 있다. 기본 금융지식을 바탕으로 금융환경을 이해하고 시장의 흐름을 읽어야만 한다. 그래야만 최종 수단인 투자기법이 빛을 발휘하고 선제적 투자도 가능해진다.

# 투자의 바탕 – 금융 인프라

## ■ 금융시장, 알아야 길이 보인다

농수산물이 시장에서 거래되듯이 금융거래 역시 금융시장 (Financial Market)에서 이루어지고 있다. 금융시장은 농수산물시장과 같은 표면적인 공간과 달리 금융거래 참여자들이 공통적으로 참여하는 집합체적 시장이다. 이런 금융시장은 기준에 따라 다양하게 분류될 수 있고, 시장의 구분만 제대로 하여도 시장의 흐름에 어느 정도 따라갈 수 있다.

금융시장은 거래소의 활용 여부에 따라 장내시장(Exchange Market)과 장외시장(Over the Counter Market)으로 구분된다. 장내시장은 유가증권시장과 같이 거래소(exchange) 자체가 물리적인 시장이 되어 금융거래를 중개하는 시장이다. 장외시장은 특정한 물리적 공간 없이 시장참여자들이 개별적으로 금융거래를 하는 시장이

다. 장외거래를 위해 전화, 이메일, 팩스 등 통신도구 등이 주로 사용된다. 장내시장에서는 금융상품이 대부분 표준화돼 있어 거래가 대량으로 이루어지는 반면, 장외시장에서는 거래상대방간의 필요에 의해 개별적 거래가 이루어지기 때문에 거래 규모는 작지만 다양한 형태의 거래가 이루어진다. 결제위험 측면에서 장내거래는 거래소가 결제 이행을 책임지기 때문에 거래상대방위험이 작은 반면, 장외거래는 개별거래자간의 사적 계약이므로 거래상대방이 결제의무를 이행하지 않을 위험이 상대적으로 크다.

금융시장은 거래되는 금융상품의 종류에 따라 주식시장, 채권시장, 환율시장, 파생상품시장 등으로 분류된다. 주식시장은 개인부터 기관까지 다양한 투자자가 참여하는 대표적 금융시장으로 한국거래소(KRX) 내 유가증권(KOSPI)시장과 코스닥(KOSDAQ)시장 등이 있다. 이들 거래소에 상장하기 위해서는 기업내용을 공개하고 발행주식의 일정부분을 유통시켜야 하는데, 유가증권시장이 좀더 엄격한 기준을 적용하는 반면, 코스닥시장은 다소 유연하게 적용하고 있다. 이밖에 장외주식 거래를 위해 금융투자협회가 프리보드 즉, 제3시장을 운영하고 있다.

채권시장의 경우 국고채 등 일부 채권이 거래소에서 거래되고 있으나, 대부분의 채권은 장외시장에서 거래가 이루어지고 있다. 이는 거래되는 채권의 종류, 금액, 만기 등이 다양하여 상장거래가 어렵기 때문이다. 채권은 보통 100억원 단위로 거래되기 때문에 채권시장은 기관투자자 중심으로 운영되고 있다. 물론 개인들도 증권회사에서 판매하는 소액채권을 매수하는 방법 등으로 채권시장에 참여할 수

있다.

외환시장은 은행과 고객 사이의 시장인 대고객시장(Customer Market)과 은행간시장(Inter Bank Market)으로 구분할 수 있는데, 통상 은행간시장을 외환시장으로 부른다. 은행간시장의 외환거래는 서울외국환중개와 같은 중개회사를 통해 이루어지고 있는데, 중개회사를 통한 거래는 거래소 거래와 달리 결제보증기능이 없기 때문에 결제불이행 위험을 최소화하기 위해 시장의 참여기관을 시중은행 이상으로 제한하고 있다.

파생상품시장은 한국거래소를 중심으로 하는 장내시장과 거래소 밖의 장외시장으로 구분된다. 장내시장에서는 주가지수, 개별주식, 국채, 외환, 상품(금, 돈육)을 기초자산으로 하는 파생상품이 거래되고 있으나, 주가지수 파생상품이 주를 이루고 있다. 반면, 금리, 외환, 신용파생상품은 주로 장외시장에서 거래되고 있다.

금융거래의 만기에 따라 금융시장을 구분할 수도 있다. 통상 만기 1년 이하의 금융거래가 이루어지는 시장을 화폐시장(Money Market)으로, 1년을 초과하는 시장을 자본시장(Capital Market)으로 분류한다. 화폐시장에서는 콜, MMF, CP 등 단기상품이 주로 거래되고, 자본시장에서는 주식, 채권 등 유가증권의 발행 및 유통거래가 이루어지고 있다.


## ■ 금융기관, 알아야 효율적이다

금융시장의 참여자는 시장의 안정성 유지를 위해 높은 신용도와

손실을 감내할 수 있는 자본금을 요구받는다. 이런 이유로 개인들은 시장에 직접 참여하기 보다 금융기관을 통해 간접적으로 시장에 참여하게 된다. 이런 간접적 참여에는 금융기관 선택이라는 이슈가 발생한다. 많은 사람들이 별 생각 없이 다른 사람의 패턴을 따라 금융기관을 선택하곤 하지만, 금융기관의 선택에 따라 투자의 효율성이 달라질 수도 있기 때문에 적절한 금융기관의 선택은 중요하다. 단기자금을 굴리는데 은행 혹은 새마을금고 예금을 선택할 수도 있고, 증권사 RP상품을 활용할 수도 있다. 또한 펀드 판매기관으로 은행과 증권사 중 하나를 선택할 수 있다. 이는 전적으로 선택의 몫이고, 금융기관에 대한 기본적 이해는 이런 선택을 하는데 큰 도움이 된다. 이런 배경에서 각 금융기관의 주요 특징을 간략히 설명하기로 한다.

### ▶ 은행

은행은 금융기관 중 가장 넓은 업무 범위와 가장 높은 신뢰도를 가진 금융기관이다. 주요 업무로는 고유업무와 기타(부수 및 겸영업무) 업무가 있다. 고유업무는 은행의 본질적 업무로 수신(예금 및 지급결제), 여신(대출), 외국환업무 등이 있다. 지급결제업무는 경제의 동맥 역할을 하고, 여신 등 신용창출업무는 경제성장의 견인차 역할을 하기 때문에 공공기능 측면에서 은행은 매우 중요한 역할을 하고 있다. 이런 이유로 금융당국도 은행의 건전성 상태를 집중관리하고 있다.

은행의 부수업무로는 지급보증, 보험판매, 펀드판매 등이 있으며, 겸영업무로는 신탁 및 신용카드업무 등이 있다. 은행의 부수업무 관련 수수료 수익이 증가하면서 은행의 주요 업무로 자리잡고 있으나,

'수수료 장사'에 대한 사회적 논란도 함께 커지고 있는 실정이다.

최근 금융권의 업무경계가 허물어지면서 금융기관간 경쟁이 치열해지고 있다. 예금영역에서 은행 및 제2금융권의 예금과 증권사의 CMA가 경쟁을 하고 있고, 대출시장에서는 은행, 보험사, 저축은행 등이 경쟁을 하고 있다. 펀드 및 보험상품 판매 역시 은행, 증권사 등이 무한경쟁을 하고 있다. 이런 경쟁적 환경에도 불구하고 은행은 전통적으로 대출과 외환부문에서 절대적 강점을 지녀왔다. 타금융기관에 비해 조달비용이 낮아 대출 경쟁력이 높고, 외환업무를 독점적 수준으로 영위해오면서 경쟁력을 쌓아왔기 때문이다. 대출금리 산정시 은행거래 실적이 반영되는 경우가 많기 때문에 은행대출을 받고 있거나 받을 예정인 고객은 은행 중심의 금융거래를 하는 것도 좋은 방법이다.

### ▶ 상호저축은행 / 상호금융조합

상호저축은행은 상호신용금고법에 의해 설립된 서민금융기관으로 2002년 3월 명칭을 상호신용금고에서 상호저축은행으로 변경하였다. 은행처럼 여·수신 업무를 담당하고 있고, 원리금 5,000만원까지 예금자보호제도가 적용되어 많은 사람들이 거래하고 있다. 최근 저축은행 사태를 계기로 저축은행에 대한 사회적 관심이 높아지면서 금융당국의 건전성 감독도 강화되고 있으며, '저축은행' 명칭 변경에 대한 논의도 진행 중에 있다.

상호저축은행과 유사 업무를 담당하지만, 기관성격이 근본적으로 다른 금융기관이 있다. 바로 상호금융조합이다. 상호금융조합은 동일

한 이해관계를 갖는 사람들이 스스로 형성한 조합으로 농업협동조합(농협), 수산업협동조합(수협), 신용협동조합(신협), 새마을금고 등이 대표적인 예다. 기본적으로 각 지역별 조합과 그 조합을 관리하는 중앙회로 형태로 구성되어 있다. 새마을금고는 행정자치부가 감독업무를 담당하고 있으며, 이외 조합은 금융당국이 감독을 담당하고 있다. 상호금융조합의 예금 역시 원리금 5,000만원까지 예금보호제도가 적용된다.

상호저축은행이든 상호금융조합이든 지역 및 개인적 성격의 금융기관이므로 시중은행 수준의 안정성을 기대하긴 어렵다. 시중은행의 건전성은 국가경제에 있어 매우 중요한 문제이므로 금융당국의 규제 및 관리 수준이 높을 수밖에 없다. 반면, 상호저축은행과 상호금융조합은 규제수준이 상대적으로 낮아 자율성이 높고, 제공되는 예금금리 역시 상대적으로 높은 편이다. 하지만 투자자는 고금리 예금에 대한 선택비용으로 이들 회사의 신용위험을 감수해야 한다.

최근 저축은행들이 정리되면서 많은 사람들이 원금손실의 상황에 놓이게 되었다. 이들은 모두 예금자보호 한도를 초과하여 예금에 투자하거나 예금자보호제도가 적용되지 않는 후순위채에 투자한 고객이다. 물론 불완전판매의 원인도 있었겠지만, 원금손실의 결정적 원인은 예금자보호망을 벗어난 데 있다. 아무리 강조해도 지나치지 않다. 이런 기관에 대한 예금은 예금자보호 한도인 원리금 5,000만원 이내에서 가입하도록 하자. 보호망 안에서는 상품경쟁력이 충분하다. 보호한도를 초과한 예금가입은 본인의 선택사항이나 수익증가에 비해 위험이 몇 배 더 커짐을 잊지 말아야 한다.

## ▶ 신용카드사 / 할부금융회사

여신전문금융회사로 불리는 신용카드사, 할부금융회사(캐피털회사) 등은 예금과 같은 일반 수신기능은 없고, 여신(대출) 업무만 담당하는 회사이다. 신용카드사의 대출이라 하면 흔히 현금서비스만을 생각하기 쉽지만, 신용카드 사용도 실제적으로는 대출거래에 해당된다. 고객은 신용카드로 물품을 구매한 후 카드결제일에 사용대금을 지급하면 되지만, 신용카드사는 카드사용 1~2일 내에 일정 수수료를 차감한 후 구매대금을 가맹점에 지급한다. 표면상으로 보면 카드사가 고객에게 구매대금을 대출해주고 이자는 가맹점에서 선취하는 대출거래와 같다. 캐피털회사들이 주로 담당하는 할부금융은 상품의 구매비용을 금융회사가 선지급하고 이후 정기적으로 원리금을 수취하는 금융방식이다. 할부금융 역시 대출거래에 해당되며, 고가상품 구매에 주로 활용된다.

신용카드거래와 할부금융 모두 회사가 신용(대출)을 제공하는 것이기 때문에 이를 위한 재원이 필요하다. 이들 회사는 예금을 통해 자금을 조달할 수 없기 때문에 회사채 및 CP(기업어음)를 발행하여 자금을 조달한다. 회사채 및 CP금리는 예금금리에 비해 상대적으로 높고, 이들 회사의 신용도는 은행권에 비해 상대적으로 낮기 때문에 조달금리 역시 높은 편이다. 이로 인해 신용카드사와 캐피털회사들이 취급하는 현금서비스 및 할부금융의 금리는 상대적으로 높을 수밖에 없다. 현금서비스와 할부금융이 편리하긴 하지만, 그에 상응하는 높은 금리를 부담해야 한다는 사실도 잊지 말아야 한다.

### ▶ 금융투자회사 – 증권사, 자산운용사, 선물사

금융투자회사라는 명칭은 아직까지 많은 사람들에게 생소한 용어이다. 자본시장법이 시행(2009년 2월 4일)되기 이전에는 증권거래법에 따른 증권사, 간접투자자산운용법에 따른 자산운용사, 선물거래법에 따른 선물사가 각각 영업을 하고 있었다. 자본시장법은 상기 세 가지 법을 포함한 6개의 법이 통합되어 만들어졌고, 이 법에 따라 인가된 업무를 영위하는 회사를 금융투자회사로 규정하고 있다. 금융투자회사의 업무는 투자매매업, 투자중개업, 집합투자업, 투자자문업, 투자일임업, 신탁업으로 분류된다. 금융투자회사는 원칙적으로 상기 업무를 모두 영위할 수 있으나 아직까지 모든 업무를 취급하는 회사는 없는 실정이다. 현재 대부분의 회사들이 증권사, 자산운용사, 선물사 등 기존 간판으로 영업을 하고 있기 때문에 이후 이들 회사 기준으로 구분하여 살펴보도록 한다.

증권사는 투자매매업(회사 재산의 운용)과 투자중개업(금융상품의 판매 및 중개)을 본업으로 하고, 투자일임업(투자자를 대신하여 자금운용)과 신탁업을 부업으로 하는 금융기관이다. 증권사의 전통적 업무는 주식과 채권의 상장(인수) 및 중개이지만, 최근 자산관리업무 비중이 높아지면서 종합금융기관으로 변신을 꾀하고 있다. 2009년 증권사의 소액지급결제가 허용되면서 은행 입출금통장과 유사한 기능을 갖는 CMA 상품들이 속속 출시되었다. CMA 계좌는 은행 보통예금에 비해 금리 면에서 상대적 강점을 갖고 있고, 주식, ELS, 펀드 등과 연계거래를 쉽게 할 수 있어 투자자에게 수익성과 편리함을 동

시에 제공하고 있다. 은행 및 증권사 모두 자산관리 부문에 역량을 집중하고 있지만, 위험상품 분야에 있어서는 증권사 서비스가 아직까지 상대적 강점을 갖고 있다. 주식중개 업무를 오랫동안 해왔고, 이를 지원하는 리서치 기능 역시 타금융권에 비해 높은 수준을 유지하고 있기 때문이다. 또한 ELS, DLS, 펀드, 랩 등 취급하는 위험금융상품이 다양한 것도 경쟁력이다.

자산운용사는 자본시장법 기준으로 집합투자업(펀드를 운용)을 주업으로 하는 금융기관이다. 펀드의 운용은 자산운용사가 담당하고, 펀드의 판매는 은행, 증권사 등이 담당하는 형태로 펀드제도가 운영되고 있다. 현재 국내시장에서 60개 이상의 운용사가 영업을 하고 있으나 대형사 몇 개를 제외하고는 대부분 규모가 영세한 실정이다. 많은 사람들이 펀드판매사의 인지도에 따라 펀드투자를 결정하곤 하는데, 중요한 것은 펀드판매사가 아니라 펀드운용사이다. 각 운용사마다 운용규모, 펀드매니저의 경력, 운용성과 등이 다양하기 때문에 펀드투자 시 운용사 상태를 주의 깊게 살펴볼 필요가 있다. 장기성과수준이 낮고, 펀드매니저 이동이 잦은 운용사는 1차적으로 선택대상에서 제외하는 것이 좋다.

선물사는 선물과 옵션 등 파생상품을 중개하는 금융기관이다. 주식이 증권사를 통해 거래소에서 중개되듯이, 상장된 선물 및 옵션 역시 선물사를 통해 중개된다. 자본시장법 시행 이후 증권사들도 선물업 영위가 가능해졌기 때문에 많은 선물사들이 증권사에 흡수합병되었고, 현재는 전 업계 선물사로 7개사가 남아 영업을 하고 있다.

### ▶ 보험사

보험사는 다수의 가입자로부터 보험료를 수취하여 보험사건 발생 시 보험수익자에게 보험금을 지급하는 것을 본업으로 하는 금융기관이다. 보험의 종류는 사고, 사망과 같이 생명과 직결되는 위험을 보장하는 생명보험과 자동차사고, 화재, 화물파손 등 손해개념의 위험을 보장하는 손해보험으로 크게 나눌 수 있고, 이를 바탕으로 생명보험사와 손해보험사가 영업을 해왔었다. 2003년 보험업법이 전면 개정되면서 질병, 상해, 간병보험 등이 묶여 제3보험으로 분류되었고, 기존의 생명보험 및 손해보험사는 제3보험의 허가를 받은 것으로 간주되어 제3보험과 관련된 영업을 지금까지 해오고 있다. 보험사들은 상기 업무 이외 연금보험, 퇴직(연금)보험, 투자자문업, 투자일임업, 신탁업 등의 업무를 겸업하고 있다.

생명보험사의 자산규모는 보통 손해보험사의 자산규모보다 큰 편인데, 그 이유는 주력상품의 차이에 있다. 생명보험사의 주력상품은 종신보험, 질병보험, 연금보험 등 장기성 보험으로 보험료가 계속 누적되는 구조이다. 따라서 자산 및 부채가 클 수밖에 없다. 반면, 손해보험사는 자동차보험, 해상보험, 화재보험 등 보험만기가 짧은 상품을 주력으로 하고 있어 생명보험사에 비해 자산이 작은 편이다. 그러나 최근 손해보험사들의 장기보험 영업이 크게 성장하면서 자산규모가 급격히 커지고 있고, 생명보험사와의 업무경계도 허물어지고 있는 상황이다. 이제는 생명보험사와 손해보험사간 영역 경쟁이 아니라 개별 회사의 보험상품으로 경쟁하는 시대가 됐다.

## ■ 금융 공공기관, 알아야 정보가 보인다

금융정책에 대한 이해와 관심은 금융시장에 참여하는 투자자에게 꼭 필요한 사항이다. 금융산업은 정부, 국민, 기업이 참여하는 시스템적 산업으로 시장성과 공공성이 혼재된 산업이다. 금융시장이 원활히 운영되지 못할 경우 국민경제에 미치는 영향이 매우 크기 때문에 금융당국은 다른 산업에 비해 더 높은 수준으로 금융시장을 모니터링하고 있다. 이렇듯 일정 수준의 규제 속에서 시장이 운영되다 보니 금융정책 및 규제의 기조 변경은 시장에 작지 않은 영향을 줄 수 있다. 따라서 금융정책을 분석하여 미리 대처하는 것이 중요하다. 투자를 잘하는 사람은 추세를 쫓아가는 것이 아니라, 경제흐름과 정책기조를 정확히 읽어내 남보다 한발 앞서 투자를 하는 사람이다.

금융정책을 제대로 이해하기 위해서는 무엇보다도 금융정책을 담당하는 기관의 역할을 이해해야 한다. 모든 정책은 해당 기관의 설립목적에 맞게 추진되므로 기관에 대한 이해는 정책의 상세 내용은 물론 향후 효과 등을 이해하는데 도움이 되기 때문이다. 금융투자자가 기본적으로 알아야 할 금융 관련 공공기관으로 정부기관인 기획재정부, 금융위원회, 국세청, 국토해양부와 무자본 특수기관인 금융감독원, 예금보험공사, 한국은행 등이 있다.

기획재정부는 경제관련 여러 정부기관 중 컨트롤타워 역할을 하는 기관이다. 전반적인 경제정책과 조세정책, 국제금융정책 등을 담당한다. 조세정책과 국제금융정책은 금융시장에 직접적인 영향을 미치게 되므로 동 분야와 관련된 기획재정부의 정책발표에 관심을 가질 필

요가 있다.

　다음으로 금융위원회를 생각할 수 있다. 금융위원회의 전신인 금융감독위원회는 외환위기를 조속히 극복하고 금융감독체계를 개편하기 위해 국무총리 산하 합의제 행정기구로 1998년 설립되었다. 2008년 금융위원회로 확대개편되면서 기존업무인 금융감독기능과 재정경제부가 수행하던 금융정책기능을 함께 담당하게 되었다. 금융감독원은 무자본 특수법인으로 기존 은행, 비은행, 증권, 보험권의 감독기구를 통합하여 1999년 설립되었다. 금융시장의 안전성과 소비자보호 제고를 위한 감독 및 검사업무를 담당하고 있으며, 금융위원회와 업무상으로 밀접한 관계에 있다. 금융위원회가 정책과 감독 중심의 정부행정기구인 반면, 금융감독원은 감독의 집행과 검사 중심의 공공업무기관이다. 양 기관 모두 공적업무를 담당하기 때문에 시장에서는 금융당국으로 통칭하고 있다.

　예금보험공사는 예금자보호제도를 운영하고 금융시장의 안정성을 제고하기 위해 설립된 무자본 특수법인이다. 예금자보호제도 운영방식은 일반보험회사의 보험과 유사하다. 정상적인 상황에서 금융기관으로부터 예금보험료를 징수하고, 금융기관이 예금의 원리금을 지급하지 못할 경우 예금의 원리금을 대신하여 지급한다. 예금보험공사는 예금자보호제도의 운영 이외에 금융시장 안정을 위한 부실기관의 정리 및 관리 업무를 담당하고 있다.

　국세청은 국세행정을 담당하는 정부기관이다. 많은 사람들이 국세청에서 조세정책을 결정하는 것으로 오해를 하곤 하는데, 앞서 언급한 것처럼 조세정책은 기획재정부에서 담당한다. 국세청이 세무행정

만 담당한다고 해서 투자자가 관심밖에 둘 기관은 결코 아니다. 국세청은 세금정보의 보고이기 때문에 투자자들은 국세청 홈페이지나 국세청 발표자료들을 유심히 살펴볼 필요가 있다. 어떤 금융상품 및 투자도 세금에서 자유로울 수 없기 때문이다.

국토해양부는 부동산정책을 담당하는 주요 정부기관이다. 세부적인 정책결정은 국토해양부에서 담당하나 대부분의 부동산정책이 거시경제와 연관되기 때문에 기획재정부와의 정책조율을 통해 부동산정책을 결정하고 있다.

중앙은행인 한국은행도 국가경제 및 금융시장에서 중요한 역할을 담당하고 있다. 한국은행의 가장 기본적인 역할은 물가의 안정적 관리로 기준금리의 조정과 통화량의 조절로 물가수준을 관리하고 있다. 시중통화량이 많아 인플레이션이 우려될 때에는 기준금리를 인상하고, 통화안정채권(통안채)을 발행하여 시중유동성(자금)을 흡수한다. 시중유동성이 낮을 때에는 기준금리를 인하하고, 발행된 통안채를 재매입하여 유동성을 조절한다. 한국은행은 물가관리 외에도 금융시스템의 안정, 은행 및 정부의 은행, 지급결제제도의 운영, 외환보유액 관리 등 중앙은행으로서의 역할과 함께 경제성장률 예측 등 경제조사업무를 담당하고 있다.

기준금리는 결정은 정확히 표현하면 한국은행 내 금융통화위원회에서 이루어진다. 금융통화위원회는 매달 두 번째 목요일에 개최된다. 한국은행이 기준금리를 중심으로 시중금리가 형성되도록 유도하기 때문에 기준금리는 시장금리의 중요한 지표가 되고 있고, 이런 이유로 모든 금융기관들은 기준금리를 기초로 예금 및 대출금리를 결

정하고 있다.

　앞서 금융 관련 정부 및 공공업무기관에 대해서 살펴보았지만, 수박 겉핥기 수준에 가깝다고 할 수 있다. 기관의 업무와 역할을 몇 페이지 안에 다 담을 수 없기 때문이다. 본 책의 수준을 떠나 기관의 홈페이지를 참조하면 기관의 기능뿐만 아니라 각종 정책과 관련된 풍부한 정보를 얻을 수 있다.

# 금융의 파워 요소 – 금리

## ■ 금리, 왜 중요한가?

금리 즉, 이자율의 수준 및 변동은 예금가입자나 대출자에게 모두 민감한 문제이다. 금리가 오르는 추세이면 예금가입자들은 기뻐할 것이고, 대출 예정이거나 변동금리로 대출 중인 사람들은 우울해질 것이다. 개인들에게 금리가 중요한 것은 경제적 이해관계가 금리변동에 직결되기 때문이다.

금리와 경제적 이익의 관계는 금융기관의 경우 더욱 분명해진다. 금융기관은 돈을 매개로 영업을 하는 회사이기 때문에 금리 변동이 회사 수익 변동의 가장 중요한 요인으로 작용한다. 일반적으로 금리가 상승하게 되면 보험사가 웃게 된다. 고객에게 앞으로 지급해야 할 보험금(부채)의 평가가치가 감소하고, 고객으로부터 받은 보험료를 높은 금리의 채권으로 운용할 수 있어 유리한 상황이 된다. 반면, 증권

사들은 울상이다. 증권사들은 보유채권을 매일 시장가격으로 평가해야 하는데, 채권금리가 오르면 채권의 시장가치가 하락하기 때문에 채권부문에서 평가손실이 발생한다. 금리와 채권가격과의 관계는 후반부 채권투자 부문에서 자세히 다루기로 한다. 은행들의 영향은 이론적으론 중립이다. 예금금리를 인상해야 하나 대출금리 역시 인상할 수 있기 때문이다. 하지만 대부분의 경우 대출금리 인상폭이 더 크기 때문에 금리 상승을 내심 반기는 분위기이다.

금리 변동이 일정한 방향성을 갖게 되면 시중의 자금 역시 이에 따라 이동하게 된다. 돈은 항상 더 매력적인 곳을 향해 흘러가기 때문에 금리변동 시 불리한 곳에서 유리한 곳으로 이동한다. 자금이 모이는 곳은 자산가격이 상승하게 되고, 자금이 빠져나가는 곳은 자산가격이 하락하게 되는데, 많은 경제주체들이 투자목적 혹은 위험회피 목적으로 이런 속성을 이용한다. 경제생태계는 이런 방식으로 금리를 통해 유기적으로 연결되는데, 이것이 바로 금리의 힘이다.

## ■ 단리(單利)와 복리(複利)

대부분의 사람들은 '연 ~%'로 표현되는 금리수준에만 관심이 있지, 금리 종류와 금리가 적용되는 원리에 대해서는 무관심한 경향이 있다. 실제적으로 기본금리 수준만 알아도 살아가는 데는 전혀 지장이 없다. 금리 형식이 어떠하든 간에 그 영향 차이가 미미하기 때문이다. 그러나 좀더 체계적인 투자관리를 위해서는 금리의 기본 특성을 알아둘 필요가 있다.

예금금리, 대출금리 등의 금리는 이자율을 말하는 것이다. 채권수익률도 수익률의 표현을 쓰고 있지만 실제적으론 할인율 즉, 이자율을 나타낸다. 이자의 계산방식은 계산횟수에 따라 크게 단리(單利)와 복리(複利)방식으로 구분된다. 단리방식은 만기일까지 원금에 대해 이자를 한번만 계산하는 것이고, 복리는 만기일까지 복리주기마다 원금과 이자에 대해 이자를 계산하는 방식이다. 단리는 이자에 대한 이자가 없지만, 복리는 이자에 대한 이자가 붙는 형식이므로 동일한 금리라면 당연히 복리상품이 더 유리하다.

$$\text{단리원리금} = \text{원금} \times \left(1 + \text{금리} \times \frac{\text{기간}}{365}\right)$$

$$\text{복리원리금} = \text{원금} \times \left(1 + \frac{\text{금리}}{m}\right) \times \cdots \times \left(1 + \frac{\text{금리}}{m}\right)$$

$$= \text{원금} \times \left(1 + \frac{\text{금리}}{m}\right)^M$$

m : 연간 복리횟수,  M : 만기까지 총 복리횟수

공식만으로는 단리와 복리에 대한 감이 잘 오지 않을 수 있다. 다음의 예를 살펴보면 단리와 복리 개념을 이해하는데 도움이 될 것이다. 예시는 금리 연 4%, 만기 1년인 예금을 가정하였다. 각 금리 방법에 따라 다음과 같은 원리금(세전) 수령이 가능하다.

[표 3-1] 단리 및 복리 원리금 비교

| 금리 | 원리금 | 계산식 |
|---|---|---|
| 단리 연 4% | 1,040,000원 | $= 1{,}000 \times \left(1 + 4\% \times \dfrac{365}{365}\right)$ |
| 6개월 복리 연 4% | 1,040,400원 | $= 1{,}000 \times \left(1 + \dfrac{4\%}{2}\right)^2$ |
| 3개월 복리 연 4% | 1,040,604원 | $= 1{,}000 \times \left(1 + \dfrac{4\%}{4}\right)^4$ |

표 3-1의 결과를 보면 단리보다는 복리, 복리 중에서도 복리주기가 짧을수록 즉, 복리횟수가 많을수록 원리금이 더 많아지는 것을 확인할 수 있다. 이것을 일반화하면 동일한 금리를 줄 때 단리보다는 복리, 복리 역시 복리주기가 짧을수록 예금고객에게 유리하다고 말할 수 있다. 대출고객의 경우 유불리 상황이 예금고객과 반대가 된다.

시중은행과 저축은행의 정기예금 및 적금은 대부분 단리상품이다. 정기예금은 제시된 금리로 만기까지 이자를 한번만 계산하고, 적금은 매번 납입금마다 만기까지 이자를 한번만 계산한 후 이를 모두 더하는 방식으로 이자를 계산한다. 따라서 적금은 작은 정기예금의 집합체라 할 수 있다. 최근 복리적금(불입금액을 만기까지 복리계산)이 등장하고 있으나, 금융기관들이 금리수준, 복리주기 등으로 눈속임을 할 때가 많아 주의가 필요하다. 복리상품으로 거창하게 홍보하고 있지만, 복리로 조건을 변경하면서 금리수준을 소폭 낮춰 이자의 증가효과가 미미한 수준이다.

금리와 기간에 따른 대략적인 원리금 수준을 알면 여러모로 도움

이 될 때가 많다. 향후 재산 수준을 예측한다든지 금융상품의 투자 결정 시 비교 기준으로 활용할 수도 있다. 이런 필요에 도움을 주고자 표 3-2를 마련하였다. 표 3-2는 이자 계산방식, 금리수준, 투자 기간에 따른 원리금 수준을 나타내는 것으로 세로축은 단리와 복리의 이자방식에 따른 금리수준을, 가로축은 투자 이후 경과연수를 의미한다. 또한 원리금 수준을 쉽게 구별하기 위해 일정 원리금 구간별로 배경색을 다르게 설정하였다.

현재 자산 1억원인 사람이 매년 5%씩 자산을 성장시킬 때 10년 후의 재산 수준이 궁금하다고 하자. 이때는 세로축 복리방식의 5% 줄과 가로축 10년 줄이 교차하는 1,629를 찾는다. 1,000에 대해 약 1.6배인 1,629의 원리금이 발생하므로 현재 1억원의 재산은 10년 후 약 1억 6,290만원이 된다. 금융상품의 상품성을 판단하는 경우에도 적용할 수 있다. 정기예금의 금리가 연 4% 수준일 때 A 금융상품은 3년 후 일정 조건을 충족하면 세전 기준으로 14%, 충족하지 못하면 9%의 수익을 지급한다고 하자. 정기예금은 대부분 단리로 이자를 계산하므로 세로축의 단리방식 4% 줄과 가로축의 3년 줄이 교차하는 1,120을 찾는다. 이때 원금 1,000을 제외하면 이익금은 세전 기준으로 120이 된다. 이는 A 상품의 조건 충족 시 수익금 140(14%)보다는 작지만, 미충족 시 수익금 90(9%)보다는 크다. 따라서 A 상품의 조건 충족 가능성이 높다고 판단되면 투자를 결정하고, 충족 가능성이 상대적으로 낮아 정기예금에 비해 상품성이 떨어진다고 판단되면 과감히 투자를 포기할 필요가 있다.

[표 3-2] 원금 1,000에 대한 이자 계산방식, 금리수준, 경과 연수에 따른 투자원리금 수준

| 금리 | | 경과 연수 | | | | | | | | | |
|---|---|---|---|---|---|---|---|---|---|---|---|
| | | 1년 | 2년 | **3년** | 4년 | 5년 | **10년** | 15년 | 20년 | 30년 | 50년 |
| 단리 방식 | 1% | 1,010 | 1,020 | 1,030 | 1,040 | 1,050 | 1,100 | 1,150 | 1,200 | 1,300 | 1,500 |
| | 2% | 1,020 | 1,040 | 1,060 | 1,080 | 1,100 | 1,200 | 1,300 | 1,400 | 1,600 | 2,000 |
| | 3% | 1,030 | 1,060 | 1,090 | 1,120 | 1,150 | 1,300 | 1,450 | 1,600 | 1,900 | 2,500 |
| | **4%** | 1,040 | 1,080 | **1,120** | 1,160 | 1,200 | 1,400 | 1,600 | 1,800 | 2,200 | 3,000 |
| | 5% | 1,050 | 1,100 | 1,150 | 1,200 | 1,250 | 1,500 | 1,750 | 2,000 | 2,500 | 3,500 |
| | 6% | 1,060 | 1,120 | 1,180 | 1,240 | 1,300 | 1,600 | 1,900 | 2,200 | 2,800 | 4,000 |
| | 7% | 1,070 | 1,140 | 1,210 | 1,280 | 1,350 | 1,700 | 2,050 | 2,400 | 3,100 | 4,500 |
| | 8% | 1,080 | 1,160 | 1,240 | 1,320 | 1,400 | 1,800 | 2,200 | 2,600 | 3,400 | 5,000 |
| | 9% | 1,090 | 1,180 | 1,270 | 1,360 | 1,450 | 1,900 | 2,350 | 2,800 | 3,700 | 5,500 |
| | 10% | 1,100 | 1,200 | 1,300 | 1,400 | 1,500 | 2,000 | 2,500 | 3,000 | 4,000 | 6,000 |
| | 15% | 1,150 | 1,300 | 1,450 | 1,600 | 1,750 | 2,500 | 3,250 | 4,000 | 5,500 | 8,500 |
| | 20% | 1,200 | 1,400 | 1,600 | 1,800 | 2,000 | 3,000 | 4,000 | 5,000 | 7,000 | 11,000 |
| 복리 방식 (연 1회) | 1% | 1,010 | 1,020 | 1,030 | 1,041 | 1,051 | 1,105 | 1,161 | 1,220 | 1,348 | 1,645 |
| | 2% | 1,020 | 1,040 | 1,061 | 1,082 | 1,104 | 1,219 | 1,346 | 1,486 | 1,811 | 2,692 |
| | 3% | 1,030 | 1,061 | 1,093 | 1,126 | 1,159 | 1,344 | 1,558 | 1,806 | 2,427 | 4,384 |
| | 4% | 1,040 | 1,082 | 1,125 | 1,170 | 1,217 | 1,480 | 1,801 | 2,191 | 3,243 | 7,107 |
| | **5%** | 1,050 | 1,103 | 1,158 | 1,216 | 1,276 | **1,629** | 2,079 | 2,653 | 4,322 | 11,467 |
| | 6% | 1,060 | 1,124 | 1,191 | 1,262 | 1,338 | 1,791 | 2,397 | 3,207 | 5,743 | 18,420 |
| | 7% | 1,070 | 1,145 | 1,225 | 1,311 | 1,403 | 1,967 | 2,759 | 3,870 | 7,612 | 29,457 |
| | 8% | 1,080 | 1,166 | 1,260 | 1,360 | 1,469 | 2,159 | 3,172 | 4,661 | 10,063 | 46,902 |
| | 9% | 1,090 | 1,188 | 1,295 | 1,412 | 1,539 | 2,367 | 3,642 | 5,604 | 13,268 | 74,358 |
| | 10% | 1,100 | 1,210 | 1,331 | 1,464 | 1,611 | 2,594 | 4,177 | 6,727 | 17,449 | 117,391 |
| | 15% | 1,150 | 1,323 | 1,521 | 1,749 | 2,011 | 4,046 | 8,137 | 16,367 | 66,212 | 1,083,657 |
| | 20% | 1,200 | 1,440 | 1,728 | 2,074 | 2,488 | 6,192 | 15,407 | 38,338 | 237,376 | 9,100,438 |

| 원금의 | 1.5배 미만 | 1.5~2배 | 2~3배 | 3~5배 | 5배 이상 |
|---|---|---|---|---|---|

## ■ 돈은 시간가치로 표현된다

많은 사람들이 "시간은 금이다"라는 말을 자주 한다. 이 말은 시간이 정말 중요하니 아껴서 쓰라는 의미일 터이다. 그런데 금융에서 시간은 진짜 돈이다. 시간은 기회로 인식되고 기회는 곧 가치로 환산된다. 그래서 〈시간=돈〉이 되는 것이다. 그러나 시간이 진짜 돈이 되기 위해서는 한가지 조건이 더 필요하다. 역설적이지만 돈이 매개되어야 시간이 돈이 되는 것이다. 다시 말해 돈은 시간을 등에 업고 다시 돈을 만든다. 이것이 모든 시장경제 원리의 기초이다. 현금을 갖고 있으면 시간이 지나도 그대로니 현금은 시간과 관계없는 것 아니냐 반문할 수도 있을 것이다. 그러나 현금도 시간과 관계된다. 현금을 주머니에 갖고 있는 사람은 예금 등을 통해 이자를 벌 수 있는 기회를 잃어버리고 있는 것이다. 즉, 그 돈에는 마이너스 시간가치가 작동하고 있는 것이다.

예를 통해 시간의 가치를 살펴보자. 현재 1,000원과 30년 후 1,000원은 분명 다르다. 현재의 1,000원은 30년 동안 투자될 수 있는 기회가 있기 때문에 더 가치가 있다. 거꾸로 30년 후 1,000원은 시간의 기회가치만큼 할인된 가치 즉, 현재가치로 평가받아야 한다. 30년 동안 평균 연 5%의 금리가 적용된다면 30년 후 1,000원의 현재가치는 231원[$=1,000/(1+5\%)^{30}$]이 된다. 다시 말해 연 5% 금리에 대한 30년의 시간가치는 769원(=1,000−231)인 것이다. 따라서 현재 자산과 30년 후 자산을 비교하기 위해서는 1,000:231 즉, 1:0.231의 비율을 적용해야 한다.

투자에서 중요한 것 중 하나가 시간을 통해 투자가치를 조절하는 센스이다. 즉, 미래시점의 절대수익 자체가 아니라 현재가치 관점에서 투자안을 바라봐야 한다. 이런 관점에서 보면 동일한 수익이라도 짧은 시간 안에 수익을 제공하는 상품이 훨씬 더 매력적이다. 시간을 아끼면 그만큼 새로운 투자기회를 더 얻을 수 있고, 아낀 시간만큼 시간가치를 벌 수 있기 때문이다.

시간가치를 투자 및 일상 생활에 적용하는데 도움을 주기 위해 표 3-3과 표 3-4를 마련하였다. 표 3-3은 이론적인 부분으로 예금의 원리금 산출공식을 통해 현재가치의 산출공식을 유도하였다. 수식이 다소 부담스럽다면 건너뛰어도 무방하다. 표 3-4는 표 3-3의 공식을 활용해 미래시점 1,000의 현재가치를 할인금리와 할인기간에 따라 산출한 결과로 현재가치 수준에 따라 배경색을 다르게 설정하였다. 세로축은 단리와 복리의 금리 할인방식 및 할인금리 수준을 나타내고, 가로축은 현재부터 미래시점까지의 기간을 의미한다. 현재가치를 산출하기 위해 단리 및 복리 어느 방식을 사용해도 무방하나, 복리의 할인효과가 더 크기 때문에 단리금리는 복리금리에 비해 조금 더 크게 적용해야 한다.

이제 표 3-4의 할인표를 활용해보자. 시중은행의 5년 만기 채권금리가 4% 수준일 때, 85만원을 투자하여 5년 후 세전 기준으로 100만원을 지급하는 상품이 있다고 하자. 채권금리는 이표채의 만기수익률이기 때문에 복리의 할인금리로 사용될 수 있다. 표 3-4에서 세로축 복리 4% 줄과 가로축 할인기간 5년 줄의 교차값은 822이다. 즉, 5년 후 1,000의 현재가치는 822인 것이다. 이것을 적용하면 5년

후 100만원의 현재가치는 82.2만원이 되는 것이다. 본 상품은 현재가치 82.2만원 보다 더 큰 85만원을 지급하여 5년 후 100만원을 수령하기 때문에 상품성이 높다고 보기 어렵다.

표 3-4 할인표는 물가상승을 고려한 미래 연금액의 현재가치를 추정하는데 활용될 수도 있다. 많은 금융기관들이 20~30년 후 연금수령액의 실제가치가 아닌 명목 수령액을 기준으로 연금상품을 홍보하기 때문에 투자자 입장에서 보면 본 연금이 노후보장에 얼마나 도움이 될지 알기 어려운 실정이다. 이런 상황에서 표 3-4의 결과가 도움이 될 수 있다. 30년 후부터 매달 세전 기준 100만원의 연금이 지급되는 상품이 있다고 하자. 그리고 매년 평균 물가상승률을 3%로 가정하자. 물가상승은 매년 증가하는 복리개념이기 때문에 물가상승률을 복리금리로 적용할 수 있다. 표 3-4의 세로축 복리 3% 줄과 가로축 할인기간 30년 줄의 교차값 412를 찾는다. 30년 후 1,000의 현재가치가 412이기 때문에 30년 후 100만원의 연금은 현재 세전 기준으로 41.2만원의 가치를 갖게 된다. 현재가 노후시기라 가정했을 때 매달 41만원 정도의 연금소득이 생활보장에 도움이 된다면 이 연금은 노후보장을 위해 적절한 상품이라 할 수 있겠다.

〈현재가치 산출공식〉

예금의 미래가치는 원리금이다. 이자 계산방식이 단리/복리 어느 것이든 원리금은 결정되어 있다. 반대로 이 예금의 현재가치는 당연히 원금이다. 이 관계를 공식으로 나타내면 다음과 같다.

$$\text{예금의 미래가치} = \text{원리금} = (단리)\,\text{원금} \times \left(1 + R \times \frac{기간}{365}\right)$$

$$(복리)\,\text{원금} \times \left(1 + \frac{r}{m}\right)^{M}$$

$$\text{예금의 현재가치} = \text{원금} = (단리)\,\dfrac{해당원리금}{\left(1 + R \times \frac{기간}{365}\right)}$$

$$(복리)\,\dfrac{해당원리금}{\left(1 + \frac{r}{m}\right)^{M}}$$

R : 단리 이자율, r : 복리 이자율, m : 연간 복리횟수, M : 투자기간의 총 복리횟수

현재가치 산출공식은 상기 예금공식을 일반화하면 된다. 즉, 현재가치를 구하기 위해서는 미래가치(현금 등)를 이자공식으로 나누면 된다.

$$\text{투자현재가치} = (단리)\,\dfrac{미래가치}{\left(1 + R \times \frac{기간}{365}\right)}$$

$$(복리)\,\dfrac{미래가치}{\left(1 + \frac{r}{m}\right)^{M}}$$

현재가치 공식에 적용하는 금리는 원칙적으로 상품에 내재된 신용위험을 반영해야 한다. 즉, 위험이 높을수록 높은 금리를 사용해야 한다. 그러나 개인투자자의 경우 정확한 상품가치 및 투자가치 측정이 아닌 이상 시중금리를 사용해도 무방하다.

**[표 3-4]** 미래금액 1,000에 대한 할인방식, 금리수준, 할인기간에 따른 현재가치 수준

| 금리 | | 할인 기간 | | | | | | | | | |
|---|---|---|---|---|---|---|---|---|---|---|---|
| | | 1년 | 2년 | 3년 | 4년 | **5년** | 10년 | 15년 | 20년 | **30년** | 50년 |
| 단리<br>방식 | 1% | 990 | 980 | 971 | 962 | 952 | 909 | 870 | 833 | 769 | 667 |
| | 2% | 980 | 962 | 943 | 926 | 909 | 833 | 769 | 714 | 625 | 500 |
| | 3% | 971 | 943 | 917 | 893 | 870 | 769 | 690 | 625 | 526 | 400 |
| | 4% | 962 | 926 | 893 | 862 | 833 | 714 | 625 | 556 | 455 | 333 |
| | 5% | 952 | 909 | 870 | 833 | 800 | 667 | 571 | 500 | 400 | 286 |
| | 6% | 943 | 893 | 847 | 806 | 769 | 625 | 526 | 455 | 357 | 250 |
| | 7% | 935 | 877 | 826 | 781 | 741 | 588 | 488 | 417 | 323 | 222 |
| | 8% | 926 | 862 | 806 | 758 | 714 | 556 | 455 | 385 | 294 | 200 |
| | 9% | 917 | 847 | 787 | 735 | 690 | 526 | 426 | 357 | 270 | 182 |
| | 10% | 909 | 833 | 769 | 714 | 667 | 500 | 400 | 333 | 250 | 167 |
| | 15% | 870 | 769 | 690 | 625 | 571 | 400 | 308 | 250 | 182 | 118 |
| | 20% | 833 | 714 | 625 | 556 | 500 | 333 | 250 | 200 | 143 | 91 |
| 복리<br>방식<br>(연 1회) | 1% | 990 | 980 | 971 | 961 | 951 | 905 | 861 | 820 | 742 | 608 |
| | 2% | 980 | 961 | 942 | 924 | 906 | 820 | 743 | 673 | 552 | 372 |
| | **3%** | 971 | 943 | 915 | 888 | 863 | 744 | 642 | 554 | (412) | 228 |
| | **4%** | 962 | 925 | 889 | 855 | (822) | 676 | 555 | 456 | 308 | 141 |
| | 5% | 952 | 907 | 864 | 823 | 784 | 614 | 481 | 377 | 231 | 87 |
| | 6% | 943 | 890 | 840 | 792 | 747 | 558 | 417 | 312 | 174 | 54 |
| | 7% | 935 | 873 | 816 | 763 | 713 | 508 | 362 | 258 | 131 | 34 |
| | 8% | 926 | 857 | 794 | 735 | 681 | 463 | 315 | 215 | 99 | 21 |
| | 9% | 917 | 842 | 772 | 708 | 650 | 422 | 275 | 178 | 75 | 13 |
| | 10% | 909 | 826 | 751 | 683 | 621 | 386 | 239 | 149 | 57 | 9 |
| | 15% | 870 | 756 | 658 | 572 | 497 | 247 | 123 | 61 | 15 | 1 |
| | 20% | 833 | 694 | 579 | 482 | 402 | 162 | 65 | 26 | 4 | 0 |

미래 금액의    90% 이상    80~90%    70~80%    50~70%    50% 미만

## ■ 수익률도 제대로 알아야 투자가 쉽다

수익률이란 용어는 금리만큼이나 자주 사용되지만, 많은 사람들이 수익률과 금리를 혼동하는 경우가 많다. 수익률과 금리 모두 연 개념으로 주로 사용되고, 그 수준도 비슷하기 때문이다. 수익률과 금리는 비슷하지만 또 다른 개념이다. 금리는 돈에 대한 시간가치 혹은 돈에 대한 기회비용을 표현하는 개념으로 돈을 빌리거나 빌려줄 때 받을 수 있는 대가의 이율이다. 반면, 수익률은 투자에 대한 성과를 측정하는 지표로 투자에 따라 다양한 종류의 수익률이 사용된다. 투자종목 및 투자타이밍 선택만큼이나 투자결과에 대한 정확한 판단도 중요하기 때문에 주요 수익률의 개념과 의미 정도는 알아두는 게 좋다.

가장 일반적인 수익률은 기간수익률이다. 기간수익률은 투자기간 동안 원금의 변화율을 나타내는 것으로 주식과 같이 평가차액을 주 수익원으로 하는 상품에 주로 사용된다. 산출방식은 투자차익(혹은 최종가격 − 최초가격)을 원금(혹은 최초가격)으로 나누는 방식이다. 비슷한 개념으로 연환산 기간수익률이 있는데, 이는 단순히 투자기간을 1년으로 환산한 기간수익률이다. 연환산 기간수익률은 기간수익률을 먼저 산출하고, 이 값에 365를 곱한 후 투자기간 일수로 나누어 산출한다. 예금금리 및 채권금리 등이 연 단위로 고시되기 때문에 수익성 비교를 위해 연환산 기간수익률이 실제 많이 사용되고 있다.

채권투자에서는 만기수익률(YTM : Yeild to Maturity) 개념이 주로 사용된다. 만기수익률은 이표채의 가격공식에서 이자 및 액면금

액의 할인된 부분과 채권가격을 같게 하는 금리이다. 만기수익률은 이표채에 투자할 경우 만기까지 실현되는 수익률을 의미하지만, 수익률보다는 채권금리 개념으로 더 많이 사용된다. 만기수익률 자체가 할인 부분에 적용되는 금리이고, 채권투자가 반드시 만기보유를 전제로 하지 않기 때문에다. 시장에서는 만기수익률을 시중금리의 한 종류로 보는 경향이 강하다. 뉴스에서 "오늘의 금리, 국고채3년 Y%" 등을 흔히 보게 되는데 이것도 동일한 맥락이다.

만기수익률과 유사한 개념으로 내부수익률(IRR : Internal Rate of Return)이 있다. 내부수익률은 투자된 원금과 향후 수령 예정인 배당 및 만기회수금을 연결하는 금리이다. 표면적인 형태는 채권의 만기수익률 공식에서 채권가격 대신 투자원금을, 이자 대신 투자배당금을, 액면금액 대신 만기회수금을 각각 대입하면 만기수익률(Y)은 내부수익률(I)이 된다. 내부수익률은 장기투자에 많이 사용되기 때문에 개인투자자보다는 기관투자자에게 익숙한 수익률이다.

[표 3-5] 주요 수익률 종류

| 수익률 | 산출 공식 |
| --- | --- |
| 기간수익률 | $= \dfrac{투자차익}{투자원금} = \dfrac{(최종가격 - 최초가격)}{최초가격}$ |
| 연환산 기간수익률 | $= 기간수익률 \times \dfrac{365}{투자기간}$ |
| 채권 만기수익률(Y) | $채권가격 = \dfrac{이자}{\left(1+\dfrac{Y}{2}\right)} + \dfrac{이자}{\left(1+\dfrac{Y}{2}\right)^2} + \dots + \dfrac{이자}{\left(1+\dfrac{Y}{2}\right)^n} + \dfrac{액면금액}{\left(1+\dfrac{Y}{2}\right)^n}$ |
| 내부수익률(I) | $투자원금 = \dfrac{배당}{\left(1+\dfrac{I}{2}\right)} + \dfrac{배당}{\left(1+\dfrac{I}{2}\right)^2} + \dots + \dfrac{배당}{\left(1+\dfrac{I}{2}\right)^n} + \dfrac{만기회수금}{\left(1+\dfrac{I}{2}\right)^n}$ |

※ 만기수익률 및 내부수익률은 반기당 이자 및 배당지급을 가정, 이자 및 배당지급 주기가 변경될 경우 금리부분과 승수가 변경될 수 있음

# 투자의 시작과 마무리 – 세금

## ■ 세금, 기본은 알아야 한다

고소득자나 거액자산가들은 세금에 민감하다. 국내 소득세 체계는 소득이 증가할수록 세율이 높아지는 누진제가 적용되기 때문에 고소득자일수록 절세형 투자에 관심이 많다. 이런 절세 이슈에 부합하여 최근 각 금융기관들은 다양한 세무서비스를 제공하고 있다. 세금에 대한 부유층의 큰 관심과 달리 일반 사람들은 세금 이슈에 상대적으로 둔감하다. 부유층에 비해 직간접적인 납세액 자체가 상대적으로 작기 때문에 관심이 적을 수도 있다. 그러나 관심의 많고 적음을 떠나 세금 자체는 중요하다. 월급날마다 원천징수되는 근로소득세, 13월의 월급인 연말정산, 부동산 매도 시 납부하는 양도세 등 생활 전반에 세금이 관련되어 있기 때문에 경제생활을 하는 사람이라면 세금에 관심을 가질 필요가 있다. 이런 배경 아래 알아두면 도움이 될

세금의 가장 기본적인 부분을 소개하기로 한다.

　세금의 분류체계를 보면 세금은 크게 국세와 지방세로 나뉜다. 국세는 소득세, 상속/증여세와 같은 직접세와 부가가치세 등의 간접세로 구분된다. 소득세는 다시 종합소득세, 퇴직소득세, 양도소득세로 분류되고, 종합소득은 이자/배당소득, 근로소득, 임대소득 등을 포함한다. 분류과세는 소득을 종합소득, 퇴직소득, 양도소득으로 분류하여 별도 과세하는 것을 말하고, 분리과세는 특정 소득을 종합소득에 합산하지 않고 별도 과세하는 것을 말한다. 분리과세 대상에 해당하는 소득은 2,000만원 이내 금융소득(이자 및 배당소득), 1,200만원 이내 사적 연금소득, 3년 이상 보유한 만기 10년 이상 장기채권의 이자소득(30% 세율로 분리과세 선택 가능), 일용근로자의 급여액 등이다.

　지방세로는 취득세, 주민세, 재산세 등이 있다. 취득세는 가장 대표적인 지방세로 지방재정의 큰 축을 담당하고 있다. 부동산을 매입한 경험이 있는 사람이라면 한 번쯤 납부했던 기억이 있을 것이다. 취득세는 토지, 건축물, 차량, 승마 및 콘도회원권 등을 취득할 때 과세되며, 취득일은 계약서상 잔금지급일이 원칙이다. 과세표준은 신고에 의한 시가이나 신고가액이 표준시가에 미달하는 경우 시가표준액을 적용한다. 재산세는 토지, 건축물, 주택 등에 부과되는 지방세(시/군세)로 6월 1일 당시 소유자를 기준으로 과세한다. 납부기간은 건물의 경우 7.16~7.31일, 토지의 경우 9.16~9.30일이고, 주택의 경우 7월과 9월 1/2씩 분납한다.

[표 3-6] 세금 분류체계

| 국세 | 직접세 | 소득세 | 종합소득세 | 근로소득세<br>이자/배당소득세<br>임대소득세<br>연금소득세 |
| | | | 퇴직소득세<br>양도소득세 | |
| | | 상속/증여세 | | |
| | | 종합부동산세 | | |
| | 간접세 | 부가가치세 | | |
| 지방세 | 직접세 | 취득세<br>지방교육세<br>주민세, 재산세 등 | | |

   연말정산에 대해서도 관심을 가질 필요가 있다. 근로소득자라면 누구나 연말정산의 경험을 갖고 있을 것이다. 연말정산은 1년 동안 근로자에게 지급된 총급여액에 대해 근로소득세액을 정확히 산출하고, 이미 원천징수된 세금과 비교하여 세금을 추가징수 및 환급하는 절차이다. 원칙적으로 근로자는 5월에 종합소득세를 신고 및 납부해야 하나 근로소득 이외 다른 소득이 없는 대부분의 근로자는 연말정산으로 납세절차가 마무리된다. 연말정산이 중요한 이유는 소득공제 수준에 따라 세금의 추가징수(혹은 환급) 수준이 결정되기 때문이다. 소득공제 항목 중 보험료, 의료비, 주택자금, 기부금 등 특별공제와 연금저축, 신용카드사용액 등 기타소득공제 부문은 개인의 노력에 따라 조절이 가능하기 때문에 특별한 관심이 필요하다. 연말정산 절차 및 소득공제 항목의 구체적 내역 등은 국세청 홈페이지에서 자세히 확인할 수 있다.

[표 3-7] 연말정산 세액계산 절차

| 세액 흐름 | 차감항목 등 | 비고 |
|---|---|---|
| 근로소득 | | 급여, 상여 등 |
| | − 비과세소득 | 소득세법 제12조 제3호 규정 소득 |
| 총급여액 | | 의료비, 신용카드 등의 소득공제 적용기준 |
| | − 근로소득공제 | 총급여가 증가할수록 근로소득공제율 감소 |
| 근로소득금액 | | 기부금 소득공제의 적용기준 |
| | − 소득공제 | 인적공제, 연금보험료공제, 특별공제, 기타공제 |
| 과세표준 | | |
| 세액산출 | = 과세표준×세율 | 과세표준이 증가할수록 적용되는 세율 증가 |
| | − 세액공제 | 근로소득, 정치자금기부 등 공제 |
| 결정세액 | | |
| | − 기납부세액 | 매월 원천징수된 세금 |
| 징수(환급) 세금 | | (+) : 추가징수, (−) : 환급 |

## ■ 금융 관련 세금 더 알기

금융거래를 하면서 세금이 원천징수되고 있지만, 그 실체에 대해서
는 무관심하거나 잘 모를 때가 많다. 그렇다 보니 본인이 세금을 얼

마나 내고 있는지, 세금과 관련하여 효율적 금융거래를 하고 있는지 개념조차 갖기 힘든 것도 사실이다. 금융 관련 세금의 기본만 알아도 절세할 수 있는 경우가 많기 때문에 이하 글에서는 금융 관련 세금의 주요 체계와 절세상품을 소개하기로 한다.

금융 관련 세금에는 이자소득과 배당소득에 대한 금융소득세, 증권의 매매차익에 따른 증권양도세, 증권의 매도 시 납부하는 증권거래세, 연금소득세 등이 있다. 금융소득세 중 이자소득세는 채권 등 증권의 이자, 예금의 이자, 환매조건부증권거래(RP)의 매매차익, 10년 미만 저축성보험의 보험차익(이자) 등에 대한 세금이다. ELS와 DLS 역시 증권으로 분류되기 때문에 수익(쿠폰) 부문을 이자로 인식하여 과세하고, 물가연동국채의 원금 증가분에 대한 이자소득은 2013년 이후 발생한 이자소득부터 과세하고 있다. 배당소득세는 지분증권 등의 배당금에 대한 세금으로 과세방식은 이자소득세와 유사하다. 앞서 언급한 것처럼 종합과세 대상인 이자 및 배당소득을 합산하여 2,000만원까지는 종합과세하지 않고, 14%의 세율로 분리과세한다. 종합과세 대상 금융소득이 2,000만원을 초과할 경우 다음 ①, ② 중 큰 금액을 소득세로 과세(원천징수 세액 제외)한다.

① 2,000만원×14%＋(2,000만원 초과 금융소득＋다른 종합소득)×종합소득세율

② 금융소득×14%＋금융소득 외 다른 종합소득×종합소득세율

비상장주식을 거래하거나 대주주가 자기 상장주식을 거래할 경우

발생하는 매매차익에 대해서는 증권거래세를 과세한다. 반면, 소액주주가 상장주식을 거래할 경우는 매매차익에 대한 증권양도세를 면제하는 대신 매도 시마다 증권거래세를 부과하고 있다. 유가증권시장 주식의 경우 거래세 0.15%와 농특세 0.15%를 부과하고 있고, 코스닥시장의 경우 거래세 0.3%를 부과하고 있다. 파생상품거래에 대해서는 현재 거래세를 부과하지 않고 있으나, 거래세 부과에 대해 검토 중인 상황이다.

펀드의 과세는 펀드 내 편입자산과 발생소득의 종류에 따라 결정된다. 주식의 매매차익에 대해서는 비과세하며, 주식의 배당소득, 채권 등의 매매차익 및 이자소득에 대해서는 과세한다. 과세기준가격은 펀드에서 발생한 과세대상 소득을 기준으로 산출되고, 과세금액은 펀드 해지와 매입 시 과세기준가격 차에 15.4%의 세율을 곱해 산출한다. 한편, 편입주식의 매매차익과 배당소득 등은 상계가 되지 않기 때문에 펀드에서 손실이 발생하더라도 과세되는 경우가 있을 수 있다. 해외펀드의 경우는 펀드 종류에 관계없이 투자수익 전체에 대해 과세하고 있다.

금융 관련 세금을 절감하는 방법으로는 우선 상장주식 및 주식형 펀드의 투자를 생각할 수 있다. 세금 체계의 대원칙은 소득이 있는 곳에 세금이 있다는 것인데, 현재 소액주주의 상장주식 매매차익에 대해서는 증권양도세가 면제되고 있다. 이는 과세의 대원칙에 위배되는 것이지만, 투자자 입장에서 보면 큰 혜택인 셈이다. 미국을 비롯한 많은 OECD국가에서 주식거래의 양도차익에 대해 과세를 하고 있기 때문에 국내 주식시장은 세금 부문에 있어서 만큼은 확실한 경쟁

력을 갖고 있다고 말할 수 있다. 주식에 대한 직접투자가 부담스럽다면 펀드 등을 통해 주식시장에 간접적으로 참여할 수 있다.

비과세 및 저율과세의 상품에 투자하는 것도 금융 관련 세금을 절감하는 좋은 방법이다. 정부는 저축률 제고와 서민/중산층의 재산형성 지원을 위해 일부 금융상품에 대해 세제혜택을 부여하고 있는데, 주요 절세상품의 종류와 특성은 표 3-8과 같다.

[표 3-8] 주요 비과세 및 저율과세 상품

| 종류 | 세금혜택 | 판매기관 | 기타 |
| --- | --- | --- | --- |
| 재형저축(펀드) 이자/배당소득 | 소득세 비과세 농특세 1.4% | 적립식 저축상품 판매기관 | - 총급여 5천만원 이하 근로자, 종합소득금액 3,500만원 이하 사업자<br>- 분기별 300만원 한도<br>- 7년 이상 유지 시 비과세<br>- 7년 만기 시 1차례, 3년 이내에서 만기연장 가능<br>- '15년말까지 가입분에 한해 비과세 |
| 생계형저축 이자소득 | 비과세 | 금융기관 | - 60세 이상 노인, 장애인, 기초생활 수급자 등<br>- 모든 금융기관 합산 3천만원 한도<br>- '14년말까지 가입분에 한해 비과세 |

| | | | |
|---|---|---|---|
| 조합 예탁금<br>이자소득 | 소득세 비과세<br>농특세 1.4% | 농/수협, 산림조합<br>신협, 새마을금고 | – 만 20세 이상<br>– 각 조합 합산 3천만원 한도<br>– '15년말까지 발생한 이자소<br>득에 한해 소득세 비과세 |
| 세금우대<br>종합저축<br>이자소득 | 소득세 9%<br>농특세 0.5% | 금융기관 | – 만 20세 이상<br>– 모든 금융기관 합산 1천만원<br>한도 (노인 및 장애인 3,000<br>만원)<br>– '14년말까지 가입분에 한해<br>저율과세 및 분리과세 |
| 조합 출자금<br>배당소득 | 비과세 | 농/수협, 산림조합<br>신협, 새마을금고 | – 모든 금융기관 합산 1천만<br>원 한도<br>– '15년말까지 받는 배당소득<br>에 한해 비과세 |
| 저축성보험<br>보험차익 | 비과세 | 보험, 은행 등<br>보험 취급기관 | – 10년 이상 유지 시 비과세<br>– 공시이율, 최저보증이율 적용 |

## ■ 양도소득세와 상속/증여세

근로소득세, 금융소득세 등 종합소득세 이외에 눈여겨봐야 할 세금으로 양도소득세와 상속/증여세가 있다. 대부분의 사람들이 남의 일로 쉽게 지나칠 수 있는 세금이나 의외로 우리 생활과 깊이 관련된 세금들이다. 이들 세금의 핵심만 알아도 실생활에 큰 도움이 되기 때

문에 주요 사항을 간략히 소개하기로 한다.

양도란 토지, 건물, 주식 등의 자산매각으로 소유권이 이전되는 것을 말하며, 양도소득세는 양도 시 발생하는 양도차익에 과세되는 세금이다. 부동산의 경우 소유권뿐만 아니라 부동산을 이용/취득할 수 있는 권리 또한 과세대상에 포함된다. 2007년 이전에는 공시지가 등으로 부동산거래의 양도차익을 산출하였으나, 2007년 이후 차익기준이 실거래가로 전환되면서 양도소득세 부담이 급격히 증가하였다. 이는 부동산 투기를 잡는데 일조하기도 하였으나, 부동산거래를 위축시키는 원인으로 작용하기도 하였다. 주택의 경우 1세대 1주택 거주자가 2년을 보유할 경우 양도소득세가 면제되며, 이사, 상속, 혼인 등으로 인한 일시적 2주택은 1주택으로 간주한다. 주식양도의 경우 앞서 언급한 것처럼 소액주주가 상장주식을 양도할 경우 양도소득세가 면제되며, 비상장주식거래 및 대주주의 주식거래 시 양도소득세가 부과된다.

양도소득세 산출의 기본이 되는 양도차익과 양도소득 과세표준의 산출공식은 다음과 같다.

양도차익 = 매도가액 – 취득가액 – 제비용

양도소득 과세표준 = 양도차익 – 양도소득기본공제 – (장기보유
특별공제)

양도소득세는 양도차익에서 기본공제를 차감한 후 양도세율을 곱해 산출한다. 제비용은 취득 이후 자산에 투입된 비용으로 이때 비

용 인정을 받기 위해서는 영수증 제출이 필수임으로 영수증을 반드시 보관해야 한다. 토지, 건물의 경우 양도소득기본공제 이외 장기보유특별공제가 추가 공제되므로 부동산을 장기간 보유할수록 양도소득세 부담을 줄일 수 있다. 일반적인 양도의 경우 양도소득과세표준에 따라 6%~38% 세율로 누진과세되며, 1년 미만 보유분은 50%, 미등기부동산은 70% 중과세된다.

이어 상속세에 대해 살펴보자. 상속세는 피상속인의 사망에 따라 상속인이 무상으로 자산을 취득할 경우 과세되는 세금이다. 우리나라는 상속인의 취득재산 수준이 아닌 피상속인 재산의 이전 수준에 따라 세금이 결정되는 유산세 제도를 적용하고 있다. 상속배분은 기본적으로 법적 효력을 갖춘 피상속인의 유언과 상속인의 합의 등에 따라 결정되지만, 동 조건이 충족되지 않아 분쟁이 발생할 경우에 대비해 민법에서는 다음과 같은 상속 관련 우선순위를 정하고 있다.

[표 3-9] 상속 관련 우선순위

| | |
|---|---|
| 1순위 | 직계비속과 배우자 |
| 2순위 | 직계존속과 배우자 |
| 3순위 | 배우자 |
| 4순위 | 형제, 자매 |
| 5순위 | 4촌 이내 방계혈족 |

상속세 과세대상에는 현금, 부동산 같은 직접적 재산뿐만 아니라 보험금, 신탁재산, 퇴직금 같은 유사재산도 모두 포함되고, 피상속인

의 공과금, 채무 등 부채부문은 공제된다. 상속 전 부당한 재산증여를 막기 위해 상속 전 1년 이내 2억원, 2년 이내 5억원의 인출(사용처가 불분명한 것에 한정) 혹은 상속인과의 분명치 않은 채무관계는 모두 상속가액에 포함시킨다. 과세표준은 상속재산에서 인적공제 및 물적공제 등을 차감하여 산출하게 되며, 세율은 과세표준 1억원 이하 10%, 1~5억원 20%, 5~10억원 30%, 10~30억원 40%, 30억원 초과 50%이고, 누진방식을 적용한다.

증여세는 상속세와 유사하지만 또 다른 세금이다. 상속세가 피상속인의 사망 후에 상속인에게 과세되는 세금인 반면, 증여세는 사망 전 재산증여 시 재산을 받는 사람에게 과세하는 세금이다. 증여세는 상속세와 달리 증여를 받은 사람이 개인별로 세금을 납부한다. 직접적으로 재산을 증여하지 않더라도 신탁재산, 보험금 등의 저가양도, 채무면제, 건물 등의 무상사용, 저리(低利) 차입의 경우 증여로 간주하여 증여세를 부과한다. 또한 배우자나 부모, 자식 등 직계존비속 간에는 자산을 매매하지 않고 증여하는 것이 일반적이므로 이들간의 자산거래도 매매로 보지 않고 증여로 추정하게 된다. 반면, 사회기부금 같은 공적 증여는 과세대상에 포함되지 않는다. 증여세의 세율 및 적용방식은 상속세와 동일하다.

행 복 한 　 투 자 　 재 불 림

# PART 04

## 투자원리를 알다

투자를 잘하는 사람들의 공통된 특징은 나름의 투자원칙을 갖고 있다는 것이다. 그들은 일관된 원칙하에 침착하게 시장에 대응하고, 시장의 흐름과 동행하면서 큰 그림을 본다. 반면, 투자원칙 없이 그때그때 시장에 대응하는 사람은 시장에 끌려다니기 일쑤다. 이들의 중요한 차이는 투자지식이 아닌 투자원칙에 있다.

본 장에서는 실전투자에 참고할 만한 범용적인 투자원리를 제시하고자 한다. 이는 구체적인 기술이 아닌 원리로 본인만의 투자원칙을 세우는데 도움을 줄 수 있는 가이드라인이다. 재불림을 위한 투자원리는 많이 쌓기, 마음 지키기, 위험 관리하기, 기다리기, 빚 경계하기로 요약할 수 있다.

# 투자원리 하나 – 많이 쌓아라

## ■ 투자는 지출관리에서 시작한다

주위를 보면 많이 버는 사람이나 적게 버는 사람이나 신기하게도 저축액에 큰 차이가 없는 것 같다. 많이 벌수록 많이 쓰기 때문이다. 현실적으로 근로소득은 개인이 통제하기 힘들지만, 지출은 어느 정도 통제가 가능하다. 지출의 통제 정도에 따라 저축 및 투자금액이 달라질 수 있기 때문에 지출통제는 개인이 할 수 있는 최선의 생활투자라 할 수 있다.

실제로 원금을 많이 투자하는 것보다 더 나은 투자를 찾기란 쉽지 않다. 다음 예는 이런 상황을 잘 보여준다. 시중은행 정기예금의 평균금리가 연 4%인 상황에서 똑똑씨는 수소문하여 연 4.05% 금리의 예금을 찾았다. 그리고 여유자금 백만원을 저축했다. 이 경우 세전 기준으로 104만 500백원을 수령하여 남들보다 500원을 더 벌 수 있

다. 그런데 우리 짤순이는 불필요한 지출을 줄여 105만원을 집 앞 은행에 연 4% 금리로 저축하였다. 금융기관을 선택하는데 큰 힘 들이지 않고 1년 후 세전 기준 109만 2천원을 받았다. 당연한 질문이지만 누가 더 많은 돈을 갖게 되는가?

많은 사람들이 더 높은 투자수익률을 찾는데 에너지를 쏟고 있지만, 정작 지출관리엔 상대적으로 소홀할 때가 많다. 실제로 수많은 금융기관을 찾아 다녀봐야 금리 0.1%p 올리기도 만만치 않다. 설사 0.1%p 올려봐도 원금을 늘려 투자하는 것에 비하면 그 효과는 미미한 정도이다. 이런 상황들을 고려해 볼 때 우리의 관심이나 에너지를 쏟는 데 순서를 매긴다면 지출통제가 1순위가 되어야 하고, 다음으로 투자대상 선정이 되어야 할 것이다. 그렇다고 해서 투자대상 선택이 중요하지 않다는 게 아니다. 지출통제가 그만큼 중요함을 강조하는 것이다.

지출관리는 절제된 투자이다. 어떤 남자들은 기분내기로 술 값을 계산하고, 택시를 부담 없이 이용한다. 어떤 여자들은 백화점 및 마트에서 충동구매를 하고, 밥값만큼이나 비싼 커피를 물 먹듯이 마신다. 또 어떤 부모님은 불안한 마음에 자녀에게 과잉 교육을 시킨다. 이 중 많은 부분이 지나고 나면 후회하거나 큰 의미가 없는 것들이다. 이런 지출은 절제된 습관으로 통제할 수 있다. 이런 통제의 결과는 너무나 크다. 그 당시엔 작은 금액이지만, 이것들이 모여 종잣돈의 씨앗이 되기 때문에 소소한 생활 중 절약하는 그것이 바로 가장 효율적인 투자인 것이다.

절제된 지출을 위해 특히 신용카드 관리가 중요하다. 매달 이용내

역서 확인은 기본이다. 한 달에 얼마를 지출하는지, 불필요한 지출은 없는지, 자기의 소비성향이 어떤지 등에 대해 본인이 파악하고 조절해야 한다. 신용카드는 현금지출 없이 구매결제가 가능하고 대략 1개월 후 현금이 결제되므로 매우 편리하다. 또한 카드사에서 제공하는 포인트 역시 매력적으로 보일 수 있다. 하지만 실제로 사용하는 포인트를 현금으로 환산하면 대부분 연회비 안팎 수준일 것이다. 많은 사람들이 신용카드의 편리함 뒤에 소비증가라는 비용이 숨어 있음을 잊고 살 때가 많다. 신용카드의 편리함은 누리되 소비를 절제할 수 있는 체크카드 사용을 권장한다. 체크카드는 통장의 잔액 범위 내에서 사용이 가능하기 때문에 일정 수준의 절제된 소비를 유도할 수 있다.

## ■ 젊을 때 아낀 돈, 복리로 힘을 발휘한다

앞서 지출통제의 중요함을 얘기했는데, 이런 통제습관은 사회 초년생을 비롯한 젊은이에게 있어 더욱더 중요하다. 사회 초년기 종잣돈은 노후까지 나무가 자라듯 커 나가지만, 노년기 여윳돈은 소비용 자산일 뿐이기 때문이다. 동일 금액은 동일 시간대 동일한 구매력을 갖지만, 세대 관점에서 보면 다른 차원의 의미를 갖게 된다. 이런 차이를 가져오는 주요 원인이 바로 복리의 힘이다.

복리의 힘은 투자금액 수준과 시간가치로 설명되는데, 예를 통해 쉽게 살펴볼 수 있다. 연 4%의 복리금리로 5년 동안 투자될 때의 원리금 공식은 제3장에서 소개한 것처럼 다음과 같다.

$$원리금 = 원금 \times (1 + 금리)^{기간} = 100 \times (1 + 4\%)^5 = 121.6$$

복리의 원리금 공식을 구성하는 주요 요소는 원금, 금리, 투자기간이다. 이 중 원리금 수준에 가장 큰 영향을 미치는 요소를 알아보기 위해 원금, 금리, 투자기간을 현수준에서 각각 10%p 증가시켜 원리금을 산출해 보았다. 표 4-1은 이에 대한 결과로 Case A는 원금을, Case B는 금리를, Case C는 투자기간을 각각 10%p 증가시킨 경우이다. 표 4-1의 원리금 결과에서 알 수 있듯이 원금의 증가효과는 기타 요소의 증가효과에 비해 압도적이다. 이는 앞서 지출관리에서 얘기한 것처럼 많이 쌓으면 더 많아지는 원리와 일치한다. 사람들은 일반적으로 투자기간보다 금리수준에 더 관심이 많기 때문에 당연히 기간보다 금리의 증가효과가 더 클 것으로 기대한다. 이런 관점에서 보면 Case C의 투자기간 증가 원리금이 Case B의 금리 증가 원리금보다 더 크다는 것은 기존의 통념을 뛰어 넘는 결과이다.

[표 4-1] 원금, 금리, 투자기간 수준별 복리원리금 현황

|  | 원금 | 금리 | 투자기간 | 원리금 |
|---|---|---|---|---|
| Case A | 110 | 4.0% | 5.0년 | 133.8 |
| Case B | 100 | 4.4% | 5.0년 | 124.0 |
| Case C | 100 | 4.0% | 5.5년 | 124.1 |

투자원금과 투자기간의 중요성은 복리의 특성으로 설명될 수 있다. 복리방식은 이자에 이자가 붙는 구조이기 때문에 투자금액이 커질수록, 투자기간이 길어질수록 이자가 커지고 이와 비례하여 원리금이

불어나는 속도 또한 빨라진다. 따라서 젊은 때부터 많이 그리고 길게 투자해야 복리효과를 크게 체험할 수가 있다. 그림 4-1은 서로 다른 원금으로 복리투자했을 때 투자기간에 따라 자산이 변동하는 형태를 보여주는 그래프로 투자금액과 투자기간의 복리효과를 직관적으로 잘 보여주고 있다. 그래프에서 두 점 사이의 기울기는 시간 경과에 따른 자산의 증가 속도로 해석될 수 있다. 결과를 보면 동일 시간대에서 투자원금이 클수록 기울기 즉, 자산의 증가 속도가 더 높아지고, 동일 투자원금에서 투자기간이 길어질수록 자산의 증가 속도가 역시 더 높아짐을 알 수 있다.

[그림 4-1] 투자금액과 투자기간에 따른 복리원리금 비교

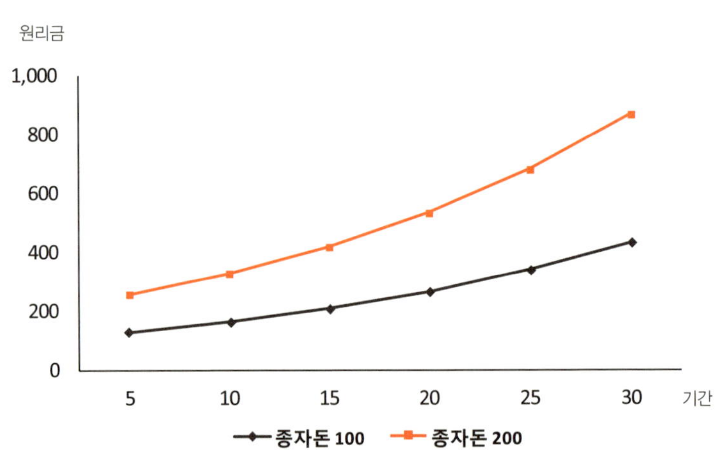


　젊은 시절 절약의 중요성은 소득/지출 생애주기로도 확인할 수 있다. 소득/지출 생애주기는 생애 전 주기에 걸쳐 평균적인 소득과 지출수준을 연결한 그래프이다. 생애주기 관점에서 보면 사회생활을 시

작하는 시기부터 결혼 초기까지는 소득증가율에 비해 지출증가율이 상대적으로 낮아 투자여력이 가장 높은 시기이다. 이후 자녀의 교육비용, 주택구매비용 등 지출이 급격히 증가하면서 투자여력이 낮아지게 된다. 50대 중반 시기에는 소득수준이 최고이지만, 지출수준 역시 최고이기 때문에 저축 및 투자를 거의 하지 못하게 된다. 이후 퇴직 등으로 인해 기존 자산을 활용하여 지출을 감당하는 시기가 도래하고, 증가하던 자산은 감소하게 된다.

그림 4-2는 일반적인 소득/지출 생애주기에서 45세 이전 지출수준을 정상, 방만, 절약으로 세분화한 것이고, 그림 4-3은 그림 4-2의 지출 경우에 따른 생애주기별 재산변동의 결과이다. 재산수준 산출 시 젊을 시절엔 공격적 투자성향을 반영하여 높은 수익률을 적용하였고, 노후 시기엔 안정적 투자성향으로 인해 낮은 수익률을 적용하였다.

그림 4-3의 그래프는 젊은 시절 소비/저축 차이로 인해 노년기 생활수준이 바뀔 수 있음을 잘 보여주고 있다. 절약지출의 경우 기타 경우에 비해 재산수준 자체가 높을 뿐 아니라, 노후기 재산의 감소속도 역시 낮은 것을 확인할 수 있다. (지출-소득)의 부족분을 투자자산의 수익으로 보충할 수 있기 때문이다. 반면, 방만지출의 경우 재산수준 자체가 작기 때문에 투자자산의 수익으로 소득/지출의 부족분을 보전하는데 한계가 있다. 부족분을 자산매도 등으로 충당해야 하기 때문에 자산의 감소 속도가 높을 수밖에 없다.

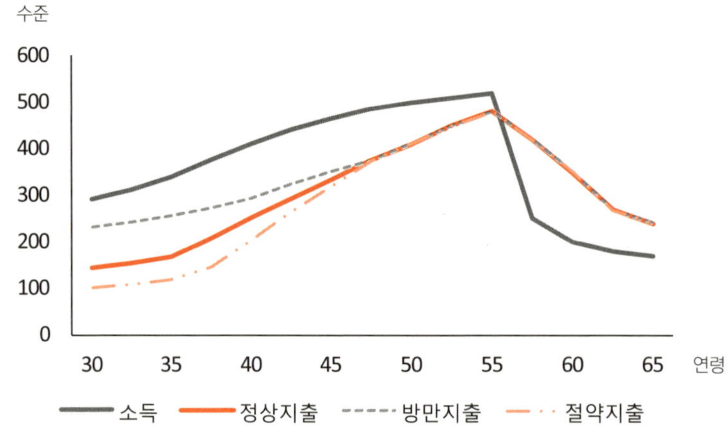


[그림 4-2] 지출수준별 생애주기 소득/지출 그래프

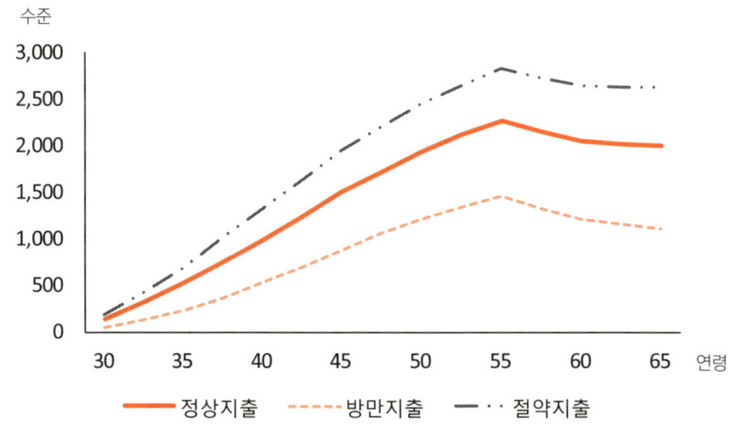


[그림 4-3] 젊은 시절 지출수준에 따른 재산변동 그래프

사회생활 및 결혼생활 초기는 지출대비 소득의 여유가 있기 때문에 절약의 효과를 체감하기 힘들고, 노후준비에 대한 필요성도 절실하게 느껴지지 않는 시기다. 이로 인해 사람들의 소비행태도 천차만

별이다. 허리띠를 졸라매는 사람들이 있는가 하면, 좋은 차, 좋은 옷 등에 소득의 대부분을 지출하는 사람들도 있다. 이들의 행태 차이는 복리효과에 의해 미래시점에서 분명히 구별될 것이다. 젊을 때 아낀 돈은 그 값어치를 확실히 하기 때문이다. 미래는 젊을수록 보이지 않고 느껴지지 않는다. 그렇다고 미래가 없는 게 아니고, 사회가 비체계적으로 돌아가는 것도 아니다. 단지 자신의 시야에 불확실성으로 비취질 뿐이다. 의식적으로 절약하고 저축하여 체계적인 사회 속에서 예정된 미래로 한걸음씩 나아가야 한다.

## ■ 종잣돈, 투자를 업그레이드 한다

거액자산가나 자산관리전문가가 한결같이 하는 말이 있다. 종잣돈을 빨리 모으라는 것이다. 종잣돈(Seed Money)의 정의가 사람마다 다르겠지만, 나는 투자다운 투자를 가능하게 하는 재산수준이라 정의하고 싶다. 실제적으로 종잣돈이 형성되면 다음과 같은 투자의 업그레이드가 가능해진다.

첫째, 종잣돈이 확보되면 투자할 수 있는 범위가 확대된다. 부동산 투자나 프랜차이즈 자영업을 위해서는 최소 몇 천만원 이상의 자금이 필요하다. 금융시장의 사모펀드 투자, 랩 가입 등도 천만원 단위 이상의 최소가입 금액을 정하고 있다. 종잣돈이 형성되면 이런 투자금액의 장벽을 뛰어 넘을 수 있다. 종잣돈 형성 이전에는 작은 금액으로 투자 가능한 주식, 펀드, 예금에 집중했지만, 종잣돈 형성 이후에는 부동산, 채권, 사모펀드 등에 대한 접근성이 높아진다. 결국 돈

을 벌 수 있는 기회가 많아지는 것이다.

　둘째, 종잣돈은 포트폴리오 투자를 가능하게 한다. 투자금액이 작을 때는 원금보존 성향이 높아 위험이 낮은 자산에 주로 투자하게 된다. 적금 가입이 가장 일반적인 예이다. 그러다 어느 정도 자산이 쌓이게 되면 위험자산에 투자할 수 있는 여유가 생기게 된다. 종잣돈의 일부를 주식, 펀드 등 위험자산에 투자하고 나머지는 안전자산에 투자하는 방식으로 포트폴리오 투자를 할 수 있는 것이다. 이때 실질적으로 수익률을 높이는 것은 위험자산에 대한 투자이다. 투자금액이 작을 땐 섣불리 접근하지 못했던 부분이 수익증대에 큰 기여를 하고, 이로 인해 자산의 증가 속도 역시 높아지는 것이다. 종잣돈은 안전자산과 함께 위험투자를 가능하게 함으로써 위험은 낮추고 수익은 높이는 포트폴리오 분산효과를 얻게 한다.

# 투자원리 둘 – 네 마음을 지켜라

## ■ 마음의 유지, 투자성공의 반이다

　비슷한 시기에 비슷한 종목에 투자를 해도 성공하는 사람이 있는가 하면 실패하는 사람도 있다. 이런 결과의 차이는 개인별 투자지식과 정보의 차이로 설명되는 부분도 있지만, 이것으로 설명되지 않는 큰 부분이 있다. 바로 투자에 대한 통제력 부분이다. 성공하는 사람들의 대부분은 종목선정, 매매타이밍, 손절매 결정 등 투자관리를 잘하지만, 투자에 실패하는 사람들은 조급증으로 인해 관리개념이 서지 않는 경우가 많다.

　성경의 구절 중에 '모든 지킬 만한 것 중에 더욱 네 마음을 지키라 생명의 근원이 이에서 남이니라'라는 구절이 있다. 마음 상태의 중요성을 강조한 구절인데, '투자에 있어 네 마음을 지키라 투자수익의 근원이 이에서 남이니라'와 같이 인용하고 싶다. 그만큼 투자에 있어

서도 마음의 통제가 중요하다는 말이다. 마음이 흔들리면 올바른 판단을 할 수 없고, 이는 손실로 귀결될 가능성이 높기 때문이다.

투자에 있어 '친구따라 강남가기'는 주의해야 할 행동 1순위다. 많은 사람들이 주변 사람들의 영향을 받아 시장이 고점일 때 투자를 시작하곤 한다. 시장이 고점일 때는 주변의 성공사례가 귀에 자주 들리고, 언론에서도 관련 시장을 집중적으로 부각하기 마련이다. 그러나 투자 붐이 일어날 때 시장에 진입하면 성공확률이 그만큼 낮아질 수밖에 없다. 과열시장에 후발주자로의 진입은 비싼 가격의 매수를 의미하기 때문이다. 2000년 후반 부동산 광풍 및 해외펀드 열풍이 단적인 예이다. 많은 사람들이 따라하기 투자로 고점에서 부동산 및 해외펀드에 투자하였지만, 2008년 금융위기 등으로 부동산 거래가 실종되고, 펀드가격이 반토막이 나면서 엄청난 손실을 보게 되었다.

투자 이후 자기관리도 투자성공에 중요한 요소이다. 조급한 사람들은 주식을 투자하고 하루에도 몇 번씩 주가를 확인한다. 주가하락 시 안절부절못하다 주식을 팔고, 다시 주가가 오르면 후회하다가 주식을 또 사게 된다. 부동산을 투자한 후에도 계속 가격을 확인하느라 에너지를 소모하는 경우가 많다. 차입을 통해서 투자하는 경우 이런 조바심 증세는 더 심해진다. 손실이 조금만 나도 이자와 손실의 이중 비용에 대한 부담이 생기고, 이로 인해 잦은 매매를 하는 경향이 많다. 그렇기 때문에 위험성향의 투자는 여윳돈을 가지고 해야 한다. 잦은 시황에 개의치 않고 기다릴 수 있기 때문이다. 손절매 등 정기적인 투자관리는 매우 중요하다. 하지만 보통 수준을 넘어서는 과도한 관심은 금물이다. 과도하게 관심을 가질수록 에너지 소모가 증가

하고, 투자성과에도 악영향을 미치기 때문이다.

과거 투자성과로 인한 심리적 영향도 조절해야 한다. 대부분 투자자들은 첫 투자를 소액으로 부담 없이 시작한다. 투자에 성공한 경우도 실력에 의한 것보다 우연적 상황에 의한 경우가 많지만, 첫 투자에 성공하는 경우 많은 사람들이 자신의 능력을 높게 평가하곤 한다. 자신의 실력과 시장에 대한 자신감은 과도한 투자로 이어져 시장이 악화되는 경우 큰 손실로 귀결될 수 있다. 반면, 첫 투자에 실패한 경우 동일 유형의 투자에 소극적이 되기 쉽다. 좋은 투자기회가 찾아와 많은 사람들이 이를 통해 이익을 얻고 있음에도 투자를 망설이는 안타까운 상황이 발생할 수 있다. 다음 투자를 위해 과거성과에 대한 분석은 필요하나, 이로 인한 심리적 영향은 가급적 배제해야 한다.

나무는 바람이 불어도 나뭇가지가 흔들릴 뿐 그 위치가 변하진 않는다. 설사 나뭇가지 한두 개 부러진다 해도 나무가 죽는 건 아니다. 다시 가지가 나오고 잎이 나오게 된다. 그러나 중심 줄기가 부러지면 나무는 죽는다. 그만큼 중심 줄기가 중요하다. 투자도 마찬가지다. 투자자가 마음의 중심을 잡고 있으면 강한 바람(시장의 변동)에도 흔들리지 않고 제자리에 서 있을 수 있다. 나뭇가지가 떨어지는 것처럼 한두 번 실패해도 다시 전열을 가다듬고 일어날 수 있다. 시장은 살아 있고 기회는 반복되기 때문에 마음의 중심을 잡고 기다리면 이익을 낼 수 있다. 그러나 투자자가 마음의 중심을 잡고 있지 못하면 투자의 방향과 타이밍 모두 혼란스럽기 때문에 투자의 새 줄기와 잎을 낼 수 없게 된다.

## ■ 모르면 불안하다

어떤 사람이 약속 장소에 가기 위해 버스를 탄다고 생각해보자. 약속시간이 얼마 남지 않았는데 버스는 이곳저곳을 경유하고 있다. 목적지만 보고 탄 사람은 불안할 것이다. 제시간에 도착할 수 있을지, 택시를 탔어야 하는 것 아닌지. 반면, 이미 해당 버스를 탄 경험이 있는 사람은 동일한 상황에서도 여유가 있을 것이다. 결국 제시간에 도착할 것임을 알고 있기 때문이다. 투자도 마찬가지다. 투자시장에 대해 많이 알수록, 투자경험이 많을수록 잦은 시장변동에 의연하게 대처할 수 있다. 변동이 시장의 자연적인 특성임을 알고, 또한 내려갈 때가 있으면 올라갈 때가 있음을 알고 있기 때문이다.

시장의 변동에 흔들리지 않기 위해서는 투자라는 나무와 숲을 균형 있게 바라볼 수 있어야 한다. 나무는 각 투자자산 및 해당 투자자산의 시장이고, 숲은 여러 투자시장을 포함하는 금융시장 및 환경이라 할 수 있다. 나무가 숲의 생태계에 영향을 받듯이 각 투자시장도 전체 금융시장의 영향을 유기적으로 받는다. 전체 금융시장의 체계와 흐름을 제대로 이해하지 못하면 각 투자시장의 변동을 불안하게 볼 수밖에 없다. 앞이 제대로 예측되지 않기 때문이다. 따라서 각 투자시장을 포함하여 금융시장에 대한 통합적인 이해가 중요하다.

금융시장과 각 투자시장에 대한 통합적 시각을 갖추기 위해서는 시간과 노력이 필요하다. 설사 기초가 없는 상태일지라도 포기할 필요는 없다. 시작이 반이라는 속담이 있듯이 조금씩 채워가면 된다. 경제신문과 관련 인터넷기사를 읽으면서 시장에 대한 기초지식과 감을

쌓은 후 전문서적으로 난이도를 높여가면 된다. 금융기관 홈페이지에서 제공하는 정보와 리포트들도 유용한 도구들이다. 이런 외부지식의 습득과 함께 본인의 과거 투자성과에 대한 분석도 중요하다. 성공 및 실패의 원인이 무엇인지 객관적으로 점검하면서 지식수준을 높일 수 있기 때문이다.

이런 준비과정을 거친 후 투자에 성공하면 만족감은 배가된다. 이번 성공이 운이 아닌 자신의 노력으로 얻어진 성과이기 때문이다. 이런 만족감과 자신감은 지식 연마를 위한 동기로 작용하고 이는 다시 투자의 성공확률을 높인다. 지식습득으로 투자의 불안을 잠재우면서 투자성공의 선순환 구조를 만들 수 있는 것이다. 다만 앞서 얘기한 것처럼 만족감으로 인해 투자금액을 과도하게 늘리는 것은 경계해야 한다.

# 투자원리 셋 – 위험을 관리하라

## ■ 위험, 회피하지 말고 관리하라

　위험관리라 하면 위험을 회피하거나 줄이는 것으로 많은 사람들이 오해하곤 한다. 앞서 제2장에서 언급했듯이 위험관리란 위험을 회피하는 게 아니라 위험을 정확히 인지하여 그 수준을 통제하는 것이다. 위험수준이 낮으면 기대수익률도 낮기 때문에 일정 수준 이상의 수익확보를 위해서는 위험감수가 불가피하다. 투자자산의 위험수준이 높을지라도 이익대비 적절한 수준이고, 투자자가 감내할 수 있는 수준이면 위험 자체는 문제가 되지 않는다. 중요한 것은 위험을 체계적으로 관리하는 것이다. 관리 및 통제수준에 따라 위험이 수익확보의 기회가 될 수도 있고, 손실발생의 통로가 될 수도 있다. 이런 양면적인 위험을 체계적으로 관리하기 위해서는 다음과 같은 사항이 선행되어야 한다.

첫째, 위험의 종류에 대해 인지할 수 있어야 한다. 위험은 시장위험, 신용위험, 유동성위험 등으로 구분할 수 있다. 기관투자자와 달리 개인투자자들이 정확한 위험수치까지 알기는 어렵지만, 위험의 종류와 대략적인 수준은 알 수 있다. 개인투자자의 위험관리는 개별주식의 시장위험이 펀드보다 더 크고, 다른 자산에 비해 부동산의 유동성위험이 더 크다는 정도만 알아도 충분하다.

둘째, 위험자산에 투자하기 전 위험관리 수준에 대한 구체적 기준을 설정해야 한다. 위험자산에 배분할 수 있는 투자금액, 현금유동성을 고려한 투자기간, 감내 가능한 손실범위와 가격의 변동수준 등을 기준에 포함시킬 수 있다. 한 예로 주식투자의 경우 투자금액 500백만원, 전체손실한도 100백만원, 종목당 손절매 수익률 −10%, 일일 최대변동률 5% 이하 종목 등의 기준을 설정할 수 있다.

셋째, 본인의 포지션을 정확히 파악하고 있어야 한다. 머릿속 감으로 자산을 파악하고 위험을 관리하다 보면 심리적 영향에 의해 일부 자산의 위험을 간과할 수 있고, 체계적인 관리도 어렵다. 투자포지션을 기록하고 눈으로 확인하면서 관리하는 것이 가장 확실하다. 표 4-2와 같이 투자자산과 부채를 위험수준에 따라 분류하고, 각 항목별 금액과 예상 만기를 기록한다. 또한 표 4-3과 같이 만기별 현금흐름을 추정하여 유동성 상황을 파악한다. 이런 관리를 통해 자산과 부채, 위험자산과 안전자산, 유동성자산과 비유동성자산의 비중을 조절할 수 있어 투자관리의 효율성을 높이고, 실질적인 투자계획도 세울 수 있다.

[표 4-2] 투자자산/부채 포지션 현황

| 구 분 | 위험수준 | 투자종목 | 투자금액(만원) | 예상만기 |
|---|---|---|---|---|
| 자 산 | 안전자산 | CMA/보통예금 | 400 | 1일 |
| | | 정기예금 | 1,000 | 6개월 |
| | | 채권형펀드 | 500 | 1년 |
| | | 아파트전세금 | 25,000 | 1.5년 |
| | 위험자산 | 주식 | 1,000 | 1개월 |
| | | 주식형펀드 | 2,000 | 6개월 |
| | | ELS | 1,000 | 1년 |
| 부 채 | 안전부채 | 아파트전세대출 | 10,000 | 3년 |
| 순자산 | | | 20,900 | |

[표 4-3] 만기별 현금흐름 현황

| 만기 | 1개월 | 3개월 | 6개월 | 1년 |
|---|---|---|---|---|
| 유동성 현황 | +1,400 | +1,400 | +4,400 | +5,900 |

## ■ 계란 한 바구니에 담지 마라

몰빵하지 마라! 위험을 분산하라! 이런 말들은 주식격언, 재테크서적, 신문칼럼, 경제방송 등에서 수없이 보고 들었을 것이다. 이렇게 강조가 되어도 실상 개인투자자들의 행태를 보면 거꾸로 가는 경우가 많은 것 같다. 처음부터 한두 종목에 올인하는 경우도 있고, 종목을 분산해서 투자하다가도 수익률이 좋은 종목으로 쏠리는 경우가

많다. 이렇듯 위험분산은 잘되지 않는다. 그러나 위험분산은 의식적으로, 계획적으로 반드시 해야 하는 투자활동이다.

위험분산을 위해 가장 먼저 고려해야 할 것은 시간에 대한 배분이다. 다시 말해 현재와 미래 사이에 위험을 배분해야 한다는 것이다. 현시점에 모든 가용자원을 투입하여 투자했으나, 투자에 실패하는 경우 손실회복이 쉽지 않다. 또한 시장상황이 자신의 투자에 맞춰 움직이는 것도 아니기 때문에 자신이 현수준을 평가하고 미래시장을 예측하여 위험수준을 배분할 필요가 있다. 현재 시장조건이 좋고 일정 기간 유지될 것으로 판단될 때에는 현재의 위험자산 비중을 높인다. 반면, 현재 시장이 나쁘고 단기간 개선되기 힘들 것으로 판단될 때에는 현재의 안전자산 비중을 높이면서 미래투자에 대비해야 한다. 물론 이런 시간간 위험분산은 쉬운 일이 아니다. 하지만 어려운 만큼 그 효과도 크다. 현재와 미래의 경기상황을 분석해야 하기 때문에 공부도 많이 하게 되어 실력도 쌓을 수 있고, 이를 바탕으로 경제흐름도 정확히 읽을 수 있다. 무엇보다 경기의 흐름에 맞춰 투자를 할 수 있기 때문에 투자성공의 확률과 투자자산의 안정성을 높이는 등 위험관리의 순기능 효과를 얻을 수 있게 한다.

위험분산을 위한 다음 단계는 위험간 배분이다. 현재 부담할 수 있는 위험수준이 결정되었다면 동 위험수준을 다시 위험 종류별로 재배분해야 한다. 앞서 말했듯이 시장위험, 신용위험, 유동성위험은 위험의 특성이 다르기 때문에 투자자가 어느 위험을 더 많이 감수하고자 하는가에 따라 투자의 방향이 달라진다. 시장의 흔들림은 감수할 수 있으나, 유동성 제약이 큰 자산을 기피한다면 주식 및 주식형펀

드 비중을 늘릴 수 있다. 반면, 시장위험에 대한 감수 의지가 작다면 예금 등 가격평가가 이루어지지 않는 자산을 선택할 수 있다. 예금을 선택할 때 신용위험에 대한 부담 의지가 작다면 은행 예금을, 상대적으로 크다면 비은행 예금기관을 활용할 수 있다.

위험분산의 마지막 단계는 동일위험 내 종목에 대한 분산이다. 이는 사람들이 흔히 말하는 분산투자와 유사한 개념이다. 현재 투자할 수 있는 위험수준과 투자자산의 종류가 결정되었다면 해당 자산을 단일종목이 아닌 복수종목으로 투자하라는 얘기이다. 이런 종목분산의 가장 큰 효과는 기대수익률의 평균적 실현이다. 기대수익률은 글자의 의미처럼 기대되는 수익률로 확정수익률이 아니다. 단일종목으로 투자할 경우 기대수익률과 실현수익률간의 차이가 클 수 있지만, 복수종목으로 포트폴리오를 구성하여 투자할 경우 종목간 변동이 상쇄돼 기대수익률과 실현수익률간의 차이가 작아지게 된다. 이것이 앞서 얘기했고, 앞으로 계속 얘기하게 될 포트폴리오 투자의 분산효과이다.

## ■ 손절매, 또 하나의 기회다

주식투자에 있어 가장 중요한 투자관리 중 하나가 손절매(stop loss)이다. 손절매란 사전에 설정한 손실 수준에 이르면 투자주식을 정리하는 것이다. 사실 손절매를 실천하기란 쉽지 않다. 당장 손실을 확정하는 것이 두렵고, 조금만 참으면 오를 것 같은 생각도 손절매를 망설이게 한다. 더구나 손절매 이후 해당 주식이 오르면 손절매를 후

회하게 되고, 다음에는 손절매를 무시하게 된다. 또한 작은 손실 관점에서 보면 손절매로 인해 수익률이 저하될 수도 있다. 그러나 좀 더 큰 위험관리 관점에서 본다면 손절매는 의지를 갖고 실천해야 할 필수 투자관리이자 전략이다.

개인과 기관투자자 투자패턴의 가장 큰 차이는 손절매의 강제성 여부이다. 정보매체의 발달로 개인이 투자에 활용하는 정보는 기관의 펀드매니저가 사용하는 것과 큰 차이가 없다. 특정 종목에 대한 성공 확률도 대동소이하다. 그럼에도 불구하고 기관투자자들의 장기적 운용성과가 개인들에 비해 뛰어난 이유는 큰 손실이 없기 때문이다. 기관투자자들은 매매 관련 내부규정을 갖고 있고, 이 중 손절매 규정은 핵심 중 핵심이다. 펀드매니저들은 내부규정을 반드시 지켜야 하기 때문에 수익률이 손절매 기준에 도달하는 경우 손절매를 무조건 실행하게 된다. 반면, 개인은 투자에 몇 번 성공하다가도 결정적일 때 큰 손실을 입어 주식투자에 실패하는 경우가 많다. 손절매가 아쉬운 대목이다.

손절매는 위험관리뿐만 아니라 수익창출의 기회 또한 제공한다. 손절매가 꼭 필요한 경우는 시장이 폭락하기 직전이다. 이런 경우 손절매를 통해 현금을 보유하게 되면 매도한 주식뿐만 아니라 다른 주식을 매입할 수 있어, 손절매 이후 떨어진 수준만큼 다시 이익을 확보할 수 있게 된다. 즉, 주식을 들고 시장의 공포를 경험하지 않고, 공포기가 끝난 후 시장에 진입할 수 있는 기회를 얻게 된다. 손절매를 머뭇거리지 말아야 할 또 다른 이유이다.

# 투자원리 넷 – 기다려라

## ■ 기다림이 수익을 만든다

가끔씩 주식이나 부동산 등으로 큰 돈을 번 사람들의 이야기가 들리곤 한다. 이들의 공통점은 참 쉬운 전략 즉, 쌀 때 사서 비쌀 때 파는 전략을 사용했다는 점이다. 귀로 듣기엔 쉽지만 실행하기 어려운 이 전략이 이들에겐 어떻게 가능했을까? 그 주요 요인 중 하나는 기다림이다. 이들은 준비된 상태에서 저점과 고점의 상태를 기다리다 적절한 타이밍이 되었을 때 실행하여 큰 수익을 거두고 있다. 이처럼 기다림 투자는 단순하면서도 그 어떤 투자전략보다도 효과적인 전략이다.

기다림 투자의 첫 번째는 적절한 매수타이밍을 기다리는 것이다. 투자의 이익은 매도가격에서 매수가격을 차감한 차익이므로 일단 싼 값에 매수하면 투자 성공의 50%는 보장되기 때문이다. 앞서 투자심

리 부분에서도 언급했듯이 사람들은 투자하기로 마음먹으면 바로 투자를 실행하는 경향이 있다. 투자 붐이 일거나, 친구의 권고가 있으면 쉽게 투자결정을 내리곤 한다. 빨리 투자하는 것이 꼭 나쁜 것은 아니지만, 이로 인해 감수해야 하는 부작용은 뼈아픈 일이다.

적절한 매수타이밍을 발견하기 위해서는 경제의 흐름과 각 투자종목의 순환주기를 잘 파악해야 한다. 경제순환에 호황기와 침체기가 있듯이 각 투자자산의 가격에도 고점기와 저점기가 있다. 특이한 점은 각 투자자산의 가격흐름 패턴이 경제순환 패턴과 항상 일치하지만은 않는다는 점이다. 경제상태가 활황일 때 가격수준이 고점인 자산이 있는가 하면 저점인 자산도 있다. 기다림 투자는 경제순환과 자산가격의 관계를 이해한 상태에서 경제의 흐름을 주시하며 적절한 매수타이밍을 기다리는 것이다. 대부분의 자산에 있어 최적의 매수타이밍은 저점기에서 고점기로 전환되는 시기이다. 사실 경제상태 및 자산의 가격수준은 판단하기가 쉽지 않고, 기다리는 시간도 예상보다 길어질 수 있다. 그러나 고진감래라 했던가? 이런 기다림의 대가는 정말 크다. 기다림 투자는 잦은 몇 번의 거래를 통해 얻을 수 없는 큰 수익을 안겨 줄 것이다.

기다림 투자의 두 번째는 투자 이후 성과가 나타날 때까지 기다리는 것이다. 어떤 투자종목이든 투자 이후 즉시 성과가 나타나진 않는다. 물론 주식투자의 경우 매수 후 바로 급등할 수도 있지만, 한두 번의 경우이지 일반적인 현상은 아니다. 부동산과 같이 거래규모가 크고 가격 변동성이 작은 종목의 경우는 상대적으로 긴 시간을 요한다. 보통 3~10년은 생각해야 한다. 반면, 주식의 경우는 가격 변동

성이 높고, 가격순환 주기가 짧기 때문에 상대적으로 기다림의 시간
이 짧다. 개인마다 편차가 있겠지만 3개월~1년 정도가 적당한 것으
로 판단된다. 펀드의 경우 이미 많은 사람들이 적립식투자를 통해 장
기투자를 하고 있다. 아주 바람직한 현상이다. 실제로 적립식투자의
경우 적립기능은 물론 누적성과도 거치식 펀드투자 및 주식투자에
비해 좋게 나타나고 있다. 적립식 펀드투자에 대해서는 제6장 펀드부
문에서 자세히 다루기로 한다.

　기다림 투자에 있어 유동성관리는 필수적 사항이다. 매수타이밍을
기다리든 매수 후 성과를 기다리든 자금관리는 중요하다. 적절한 투
자타이밍이 됐지만 투자자금이 없어 투자를 못한다면, 투자 후 성과
가 조금씩 보이고 있는데 급하게 자금이 필요하여 매도를 해야 한다
면 참으로 안타까운 일이다. 유동성계획은 전체 투자포트폴리오의
유동성현황과 향후 자금계획을 조합하는 방식으로 사전에 철저히 준
비되어야 한다. 유동성 대기자금은 일반적으로 저금리 단기자산으로
운용되기 때문에 손해인 것처럼 보일 수도 있다. 하지만 유동성자금
은 기다림 투자와 결합해 결국 큰 성과를 안겨 줄 것이기 때문에 손
해가 아닌 투자인 셈이다.


## ■ 금리로 기다림 투자를 한다

　앞서 언급한 것과 같이 적절한 매매타이밍을 발견하기 위해서는 경
제 및 투자종목의 순환주기를 이해해야 한다. 이런 흐름을 쉽게 이해
할 수 있는 방법의 하나는 주요 경제변수의 흐름을 분석하는 것이다.

많은 경제변수가 있지만, 그 중에서도 금리는 경제에 미치는 영향력이 가장 큰 변수이기 때문에 금리의 흐름을 분석하면 기다림 투자에 큰 도움이 된다.

금리 즉, 이자율은 경제도로의 경찰관 역할을 한다. 경찰관은 원활한 교통흐름을 위해 차량의 방향을 지시한다. 금리 역시 원활한 경제흐름을 위해 자금의 방향을 지시하게 된다. 즉, 금리가 높은 곳으로 돈이 모이는 등 거시경제 전체가 금리를 중심으로 움직이는 것이다. 최근 전세계적인 경기둔화로 인해 주요 국가들이 최저금리 상태를 유지하고 있어, 금리 영향력이 예전만 못한 것도 사실이다. 그러나 금리만큼 광범위한 경제주체의 이해관계에 연계되면서 그 고저의 유불리 방향이 명확한 경제변수도 없다. 따라서 금리의 수준과 방향성에 대한 판단은 기다림 투자에 있어 기본이 된다. 금리상태를 활용한 기다림 투자는 네 가지 금리순환기별 즉, 금리상승기, 고점기, 하락기, 저점기로 나누어 생각해 볼 수 있다.

금리가 상승할 때는 대체적으로 경기가 호황기에 진입할 때이다. 경기가 과열되면 자금에 대한 수요가 많아지고, 이로 인해 시중금리는 오르게 된다. 통화당국은 인플레이션의 억제를 위해 정책금리를 인상하게 된다. 이래나 저래나 금리가 상승하는 상황이다. 이런 상황에서 예금과 채권은 점진적으로 확대하고, 만기를 짧게 가져간다. 만기를 짧게 해야 더 높은 금리를 제공하는 상품으로 쉽게 갈아탈 수 있기 때문이다. 반면, 대출은 점진적으로 규모를 축소하고, 고정금리로 만기를 길게 가져간다. 주식시장은 이론적으로는 중립적이지만, 과거 유사한 상황에서 대체적으로 성과가 좋았기 때문에 투자를 확

대할 필요가 있다. 금리 상승은 경기호황기 진입의 전형적인 현상이고, 경기호황기에서는 기업들의 실적이 대체적으로 양호하게 나타나기 때문이다. 부동산은 경기가 호황이므로 가격적인 측면에서는 긍정적이나, 금리 상승으로 차입비용이 증가하기 때문에 전체적으로 중립적이다. 다만, 과거에 비해 부동산경기와 경제상황 및 금리수준과의 연계성이 낮아지고 있으므로 부동산시장 자체의 흐름을 보고 투자하는 게 좋다.

금리가 높은 수준에서 계속 유지될 때는 경기가 호황기의 정점에 있을 때이다. 이때는 금리상품을 적극적으로 활용해야 한다. 예금은 확대하고, 만기를 최대한 길게 가져간다. 채권 역시 높은 표면금리의 이자를 수취할 수 있고, 향후 금리 하락 시 평가이익도 기대할 수 있기 때문에 장기채 중심으로 확대한다. 대출은 금리수준이 높기 때문에 축소하되, 필요한 경우에는 변동금리로 만기를 짧게 가져간다. 주식 및 주식형 상품은 점진적으로 포지션을 줄여나가는 게 좋다. 현상황은 경기가 호황인 상태이지만 경기침체를 걱정하는 목소리가 많은 때이기도 하다. 주가는 경기에 선행하여 움직이기 때문에 이런 염려는 주가에 빠르게 반영되는 특성이 있다. 따라서 한발 앞서 발을 빼는 것도 좋은 방법이다. 부동산 투자 역시 부정적이다. 금리수준이 높기 때문에 차입비용이 크고, 부동산 가격에 거품이 끼었을 가능성도 높기 때문이다.

금리가 하락할 때는 경기침체에 진입할 때이다. 예금, 채권, 대출, 주식 등의 포지션 방향은 금리 상승기와 반대로 하면 된다. 부동산 투자는 금리 하락으로 차입비용 측면에서는 긍정적이나, 경기하락으

로 부동산시장이 침체될 가능성이 높아 신중할 필요가 있다.

금리가 낮은 상태에서 유지될 때는 경기침체가 진행 중일 때이다. 정부는 경기부양을 위해 여러 경기부양책을 시행하게 되고, 통화당국은 정책금리를 낮게 유지하면서 이와 보조를 맞춘다. 이런 상황에서 가장 유망한 투자는 주식투자이다. 경기침체로 인해 대부분의 기업실적이 악화된 상태이기 때문에 주가 역시 낮을 수밖에 없다. 정부의 경기부양 등으로 경기가 개선되면 기업실적이 개선되고 이에 따라 주가도 회복되는 경향이 있다. 이 시기에 주식을 저가에 매수하여 보유하는 전략(Buy & Hold)을 사용하면 큰 이익을 볼 가능성이 높다. 경기회복 시점이 잘 예측되지 않거나, 주식의 직접투자에 부담을 느낀다면 적립식으로 주식형펀드에 투자하는 것도 좋은 방법이다. 예금과 채권은 금리가 낮아 상품성이 떨어지기 때문에 비중을 최대한 축소하고, 만기도 짧게 해야 한다. 반면, 대출은 확대하되 고정금리로 가급적 만기를 길게 설정하여 저금리 혜택을 충분히 보도록 한다. 부동산투자도 긍정적이다. 경기침체로 인해 저가에 매수할 수 있고, 매입자금을 차입하는 경우 저금리 혜택도 볼 수 있다. 또한 향후 경기가 부양될 경우 가격상승도 기대할 수 있다. 다만, 앞서 언급한 것처럼 최근과 같이 투자심리가 악화된 상태에서는 거시경제 상태와 별개로 시장이 움직일 수 있다. 따라서 부동산시장의 반등 시기를 길게 보고 이에 맞게 투자전략을 세워야 한다.

[표 4-4] 금리상태에 따른 투자 유형

|  | 금리 상승기 | 금리 고점기 | 금리 하락기 | 금리 저점기 |
|---|---|---|---|---|
| 경기 상태 | 경기호황 진입 | 경기호황 | 경기침체 진입 | 경기침체 |
| 예금 | 점진적 확대<br>변동금리<br>만기 짧게 | 확대<br>고정금리<br>만기 길게 | 점진적 축소<br>고정금리<br>만기 길게 | 축소<br>변동금리<br>만기 짧게 |
| 대출 | 점진적 축소<br>고정금리<br>만기 길게 | 축소<br>변동금리<br>만기 짧게 | 점진적 확대<br>변동금리<br>만기 짧게 | 확대<br>고정금리<br>만기 길게 |
| 채권 | 점진적 확대<br>만기 짧게 | 확대<br>만기 길게 | 점진적 축소<br>만기 길게 | 축소<br>만기 짧게 |
| 주식 | 확대 | 점진적 축소 | 축소 | 점진적 확대 |
| 부동산 | 중립 | 부정적 | 중립 | 긍정적 |

# 투자원리 다섯 – 빚을 경계하라

## ■ 빚이 투자를 이긴다

최근 가계빚에 대한 우려의 목소리가 높아지고 있다. 서민들의 고통은 물론 대출을 실행한 금융기관의 건전성에도 심각한 영향을 미치고 있어, 우리 경제의 시한폭탄이 되고 있다. 이런 가계빚은 부동산시장 침체의 산물이기도 하다. 2007년까지 아파트값이 계속 오르자 사람들은 묻지마 식으로 담보대출을 받아 아파트를 매입하기 시작했다. 금융기관 역시 묻지마 식으로 대출을 실행하였다. 2008년 금융위기로 부동산 경기가 식자 아파트 매수세는 사라졌고, 실수요자 조차 아파트 매입을 꺼리는 상황이 되었다. 이는 다시 전세 수요 급증으로 이어져 전세금이 급등하였고, 사람들은 전세금을 위한 대출을 늘려가기 시작했다. 이래저래 주택 관련 대출은 늘어 왔고, 현 상황의 탈출구는 보이질 않고 있다.

이런 가계빚 문제를 보면서 빚의 위력을 다시 한번 생각하지 않을 수 없다. 대출을 통해 주택을 매입한 대부분의 사람들은 대출 당시 빚의 위력이나 속성 등에 대해 생각하지 않았을 것이다. 부동산시장이 침체에 빠지고 주택거래가 급감한 지금, 빚의 속성을 뼈저리게 느끼고 있는 것이다. 빚은 성공과 실패의 개념이 없다. 시간이 경과됨에 따라 항상 늘어만 간다. 반면, 투자는 성공과 실패가 있다. 투자에 성공할 경우 투자이익과 빚은 비교가 되지 않는다. 빚의 잔액과 이자가 초라할 정도이다. 그래서 많은 사람들이 빚으로 계속 투자를 하곤 한다. 반면, 투자 실패로 손실이 큰 상황에서도 빚의 이자는 묵묵히 커져간다. 무슨 말을 하려는 건가? 이 말이다! 빚과 투자는 속성이 다르니 같이 묶지 말라는 것이다. 빚은 고정된 속성을 갖고 있으니 결과의 변동이 큰 투자의 돈줄로 쓰지 말라는 것이다.

몇 년 전까지만 해도 부동산투자는 가격이 잘 떨어지지 않고, 매매도 쉽게 할 수 있어 안정적인 투자로 여겨졌다. 그래서 '대출 투자'라는 공식이 성립되었고, 이를 의심하는 사람은 없었다. 그러나 이제 부동산가격의 하방경직성도, 환금성도 보이지 않는다. 주식투자도 마찬가지다. 많은 투자자들이 주식투자가 위험하다는 것을 인정하면서도 빚을 내서 주식투자를 한다. 개인의 주식투자 성공률은 낮은 편이며, 빚을 내서 투자한 사람의 성공 확률은 더 낮은 편이다. 주가는 떨어져 손실은 커져가고, 빚의 이자는 불어나고, 투자손실과 이자의 양날 압박이 부담으로 작용한다. 이것은 잦은 매매로 이어져 투자손실, 수수료, 이자증가라는 삼중고를 겪게 한다. 부동산시장, 주식시장 등 투자시장은 가변적이다. 이런 가변적 시장에 고정적인 빚은 어

울리지 않는다. 투자시장의 가변성이 높을수록 가변적 상황을 허용할 수 있는 자기자금이 필요한 것이다.

'그럼 빚을 내서 고정적인 이자를 지급하는 상품에 투자하면 되지 않나'라는 생각을 할 수도 있다. 이런 경우 빚의 속성과 투자의 속성이 일치하기는 하지만, 이익을 실현하기는 어렵다. 고정이자를 지급하는 상품의 금리는 대출금리보다 낮은 게 일반적이다. 은행, 보험 등 금융기관의 대출금리는 수신금리보다 높게 책정된다. 금융기관도 이런 예대마진을 통해서 이익을 내야 하기 때문이다. 금융기관의 수신금리는 곧 개인이 투자하는 예금이나 고정금리 상품의 금리이기 때문에 금융기관으로부터 대출을 받아 동일 수준의 금융기관 예금에 투자할 수는 없다.

다른 방법으로 제1금융에서 대출을 받아서 신협, 상호금융 등 제2금융의 예금에 원리금이 보장되는 5천만원까지 투자하는 것도 생각할 수 있겠다. 그러나 이것도 쉽지 않아 보인다. 보통 은행의 예대마진(대출금리-예금금리)은 2.0%p 내외, 은행과 신협 등의 예금 금리차는 1.0%p 내외이므로 이런 투자를 한다면 1.0%p의 금리 역마진이 발생한다. 즉, 은행에서 5% 금리로 대출을 받아 신협에 4% 금리를 제공하는 예금에 가입하는 것이다. 실현되기 힘든 상황이다. 더군다나 이자수익에 대해서 15.4%(소득세 14%, 주민세 1.4%)의 세금이 원천징수되기 때문에 이를 고려하면 역마진 폭은 더 커질 수밖에 없다. 은행에서 대출을 받아 저등급의 무보증 CP에 투자하는 방법도 생각할 수 있다. 이런 경우 금리 관점에서는 (+)마진이 될 수도 있으나, 원금손실 위험이 높기 때문에 고정적인 이자를 고려하는 본 단락

의 취지와는 맞지 않는다.

이렇게 세상에는 공짜가 없다는 것을 다시 한번 확인하게 된다. 빚을 내서 안정적 투자를 해도 금리 역마진이 발생하고, 그렇다고 주식이나 투기등급의 고금리 상품에 투자하자니 위험 부담이 크다. 결론은 빚으로 투자하기 어렵다는 말이다. 마찬가지로 빚이 있는 상황에서 목돈이 생겼다면 이 투자 저 투자 재지 말고 바로 빚을 갚길 권한다. 현실 경제에서는 보편적으로 빚이 투자를 이기기 때문이다.

그럼 정말 빚은 의미 없는 피해야 할 대상인가? 그렇지 않다! 현대사회에서 빚은 신용창출 기능으로 경제순환과 성장을 가능하게 하는 중요한 도구이다. 본문의 의도는 빚의 속성과 다른 투자에 빚을 연결하지 말라는 것이지 빚 자체를 이용하지 말라는 것은 아니다. 실제 거주 목적으로 주택을 매수하는 경우 빚은 유용한 도구가 된다. 다만, 빚의 상환계획과 예정소득의 흐름이 어느 정도 매칭될 수 있다는 전제 하에서 말이다. 사업자금을 위한 대출도 가능하다. 이 경우 빚보다 사업 자체의 위험이 더 크기 때문에 사업성 분석이 먼저 이루어져야 한다. 사업성이 확실한데 자금이 모자란 경우라면 빚은 역시 유용한 도구가 된다. 유동성관리 차원에서도 빚을 이용할 수 있다. 투자를 하다 보면 만기 등의 불일치로 인해 일시적으로 유동성 자금이 필요한 때가 있다. 이런 때는 투자상품을 해지하기보다 단기 대출 등을 이용하는 것이 비용적인 측면에서 더 효율적 일 수 있다.

## ■ 빚이 빚을 부른다 – 빚의 내성을 경계하라

도둑질도 처음이 어렵지 두 번째부터는 쉽다고들 한다. 아이들이 미끄럼을 처음 탈 때도 첫 번째는 겁 때문에 망설이지만, 이후 두 번째부터는 거리낌 없이 미끄럼을 탄다. 빚도 마찬가지다. 대출이든 신용카드든 처음 빚을 지게 될 때는 무척 신경이 쓰인다. 지출 건에 대해 꼼꼼히 챙기기도 한다. 그러나 대출 규모가 증가하고 신용카드 사용이 늘어날수록 빚에 대한 부담감은 서서히 줄어들게 된다.

빚과 함께 편하게 지내기가 잘못된 것일까? 결국 돈만 갚으면 되기 때문에 빚진 상태에서 편하게 지내는 것이 더 나은 것 아닌가? 이런 질문을 할 수도 있을 것이다. 물론 편하게 지내는 것 자체가 나쁜 것은 아니다. 문제는 내성이다. 빚은 우리가 언젠가 갚아야 할 부채이다. 따라서 빚의 규모가 커질수록 우리가 느끼는 부담도 커져야 정상이다. 그래야 빚의 규모를 축소하려는 노력과 의사결정을 하게 된다. 반대로 빚에 대한 내성이 생겨 빚에 대한 경계가 느슨해지면 어느 순간 돌아오지 못하는 강을 건너게 될 수도 있다. 빚의 규모가 너무 커져 현 소득과 정상적인 방법으로는 빚의 상환이 불가능해지는 것이다. 결국 신용불량자로 전락할 수밖에 없다. 사업실패로 어쩔 수 없이 신용불량자가 되는 사람도 있지만, 무절제한 대출과 소비 등으로 신용불량자가 되는 사람도 많이 있다. 참 안타까운 일이다.

신용불량자 상태에 이르지 않더라도 빚과 마이너스(-) 생활에 익숙해지면 플러스(+) 투자생활의 기쁨을 잃어버릴 수 있는데, 사실 이게 더 큰 문제이다. 빚을 진 상태에서는 원리금을 갚는 범위로 자금

관리의 시각이 좁혀지기 때문에 좋은 투자기회가 와도 시야에 들어오지 않는다. 설사 시야에 들어온다 하더라도 종잣돈과 같은 자금이 없기 때문에 투자를 하기 어렵다. 이런 패턴이 반복되면 재산수준이 정체되거나 순부채가 증가하게 되어 투자로 재산을 불려나가는 사람들과의 재산 격차가 확대되게 된다. 재산을 불려나가는 과정에서 얻는 기쁨 대신 상대적 박탈감만을 느끼게 될 뿐이다. 또한 가진 것을 나누어 주는 고차원적 기쁨도 느낄 여유가 없게 된다.

무엇이든지 자주하게 되면 익숙해지는 것이 일반적인 현상이다. 그러나 빚과 관련해서는 반대의 노력이 필요하다. 여러 필요에 의해 빚을 지게 됐다면, 그 자연적인 익숙함에 빠지지 않도록 해야 한다. 빚이 거북하고 불편한 상태로 유지되어야 빚 본연의 기능을 다하면서 추가적인 빚을 부르지 않게 된다. 다시 말하지만 빚 자체는 좋은 게 아니라는 것을 항상 되새기면서 빚의 기능만을 일시적으로 취해야 한다. 앞서 얘기한 것처럼 대부분의 경우에 있어서 빚은 투자를 이기기 때문에 하루라도 빨리 빚의 상태를 벗어나는 것이 최상의 투자원리이다.

행 복 한    투 자    재 불 림

PART
05
자산을
배분하다

많은 사람들이 자신의 직관적 판단에 의존해 투자를 하곤 한다. 그리고 직관적 판단이나 감에 의한 투자로 성공한 사람들을 가끔씩 보기도 한다. 그러나 이런 성공 사례는 극히 단편적인 경우이다. 기관투자자, 외국계투자자 등 전문가들이 주도하는 투자시장에서 운으로 한두 번 성공할 수 있지만 연속성을 기대하기는 힘들다. 투자시장에 접근하는데 감만으로는 부족하고, 무언가 체계적인 접근이 필요하다. 더구나 투자는 가정경제와 직결되기 때문에 신중해야 한다. 특히 종잣돈 투자는 더더욱 그렇다.

체계적인 투자를 하는 방법 중 하나는 투자에 자산배분 프로세스를 도입하는 것이다. 자산배분 프로세스는 개개인의 위험성향과 기대수익률 사이에서 최적화된 포트폴리오 투자를 가능하게 하기 때문에 투자자에게 꼭 필요한 전략이다.

필요성에도 불구하고 자산배분 프로세스는 투자자에게 어렵게 느껴질 수도 있다. 자산배분이란 개념 자체가 생소하기도 하고, 개별종목들의 수익률과 위험자료를 구하기도 쉽지 않기 때문이다. 그럼에도 불구하고 자산배분 개념을 소개하는 것은 투자에 있어 자산배분이 그만큼 중요하고, 본 장의 내용을 바탕으로 자산배분의 형태를 흉내 내는 것만으로도 충분한 효과를 발휘할 수 있기 때문이다.

# 투자는 자산배분 프로세스다

　투자를 하다 보면 종종 선택에 대한 고민을 하게 된다. 주식에 투자할지, 예금에 가입할지, A주식과 B주식 중 어느 것에 투자할지, 대부분 이런 고민들이다. 최근 금융권에서도 투자자의 이런 고민을 반영하여 자산배분 서비스를 강화하고 있다. 하지만 1:1 맞춤 서비스를 받기 위해서는 예치 및 투자금액이 일정 수준 이상이어야 하고, 홈페이지를 통한 일반서비스는 고객이 이해하고 적극적으로 활용하는데 상당한 거리감이 있는 것도 사실이다. 간접적인 도움의 효과를 떠나 투자는 결국 본인이 하는 것이기 때문에 본인 스스로 자산배분의 개념을 정립하고 이를 활용할 필요가 있다.

　자산배분의 과정은 단순히 자산을 배분하는 것 이상이다. 자산을 배분하는 목적과 배분과정, 그리고 이에 대한 피드백이 하나의 체인처럼 연결되어야 한다. 이것을 자산배분 프로세스라 정의할 수 있는데, CFA 시험교재 내용을 참조하여 자산배분 프로세스를 3단계로 구분하였다.

　자산배분 프로세스의 첫 단계는 투자를 위한 준비이다. 투자준비는 두 방향에서 이루어진다. 하나는 투자목표의 설정이다. 투자목표의 설정은 자신에 대한 이해에서 출발한다. 자신의 위험감수능력과 위험성향을 파악하여 위험수준의 허용치를 설정하고, 이에 기반하여 투자수익률 목표를 설정해야 한다. 또한 투자와 관련된 자신의 제약사항도 점검해야 한다. 투자준비의 또 다른 방향은 투자시장과 투자종목에 대한 분석이다. 투자대상인 시장과 종목에 대한 깊은 이해 없이 투자를 실행하는 것은 연못에서 돌을 던져 물고기를 잡으려는 것과 같다. 물고기가 모여 있는 곳의 정보를 파악한 후 그곳에 그물을 던지거나, 물고기가 좋아하는 미끼를 활용하여 낚싯줄을 던져야 한다. 투자도 마찬가지이다. 시장과 종목에 대해 구체적으로 분석한 후 어느 정도 확신이 섰을 때 투자를 실행해야 한다.

　자산배분 프로세스의 두 번째 단계는 자산군(Asset Class)의 배분이다. 자산군이란 주식, 채권, 예금, 부동산과 같이 수익/위험 패턴이 완전히 다른 투자자산에 대한 분류 단위이다. 준비단계에서 투자목표 설정과 투자시장 분석이 완료되었다면, 다음에는 이를 기초로 자산군을 배분하게 된다. 위험과 수익률을 고려하여 자산군의 비중을 설정하게 되는데, 한 번이 아닌 여러 번의 최적화(optimization) 과정을 통해 자산군의 배분을 완성해야 한다.

　자산배분 프로세스의 세 번째 단계는 투자실행 및 피드백이다. 투자실행은 단순히 각 투자종목의 주문을 내는 수준이 아니다. 각 자산군 내의 개별종목을 선택하고 투자하는 과정 전체가 투자실행 단계이다. 투자실행 이후 피드백 단계도 중요하다. 피드백은 포트폴리

오의 투자성과를 평가하고 이에 따라 포트폴리오를 조정하는 과정이다. 조정 범위에는 작게는 개별종목의 교체부터 크게는 자산군의 비중 및 투자목표 수정까지 포함된다. 모든 일이 그렇듯이 아무리 계획을 잘 세워도 실전상황에서는 달라질 수 있다. 한번에 계획을 잘 세우는 것보다 피드백의 반복을 통해 투자의 성과를 높이는 게 더 중요하다.

[그림 5-1] 자산배분 프로세스 개념도

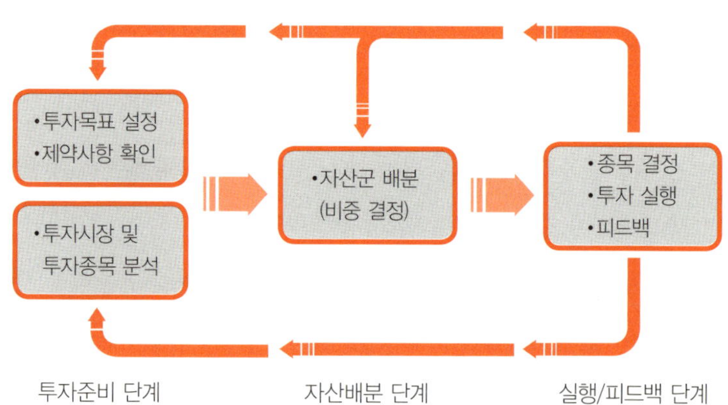


## ■ 투자목표를 설정하고, 제약 사항을 확인하다

　모든 계획이 그렇듯이 투자도 속도를 높이기 전에 방향을 제대로 잡는 것이 중요하다. 투자의 방향을 잡는 과정이 바로 자산배분 프로세스이고, 앞서 언급한 것처럼 자신에 대한 이해는 자산배분 프로세스의 시작이다. 즉, 자신의 상황을 이해하여 투자목표를 설정하는 것이 투자의 첫 단추를 끼우는 것이다.

투자목표는 위험과 수익률 목표로 구분된다. 수익률 목표는 위험수준에 기초하여 결정되어야 하기 때문에 위험수준 결정이 먼저 이루어져야 한다. 위험수준을 결정하는데 있어 CFA 시험교재에서 다뤄지는 위험수용력(Risk Tolerance) 개념이 유용하게 활용될 수 있다. 위험수용력은 위험감수능력으로 정의될 수 있으며, 위험감수에 대한 의지(willingness)와 능력(ability)으로 구성된다. 보통 위험감수능력이 크다고 하면 능력만을 생각할 수 있는데, 위험수용력은 능력뿐만 아니라 의지도 중요하게 생각한다. 아무리 능력이 뛰어나도 위험에 대한 감수의지가 없다면 위험자산에 투자하기 어렵기 때문이다. 결국 위험수용력이 큰 사람은 위험수용에 대한 의지와 능력이 모두 큰 사람이다. 위험수용력은 개별환경과 재산형성 과정에 따라 다르지만 일반적으로 나이가 들수록 감소하는 경향이 있다.

자신의 위험수준을 결정하기 위해서는 자신의 위험수용력을 면밀히 살펴봐야 한다. 위험감수에 대한 의지는 자산가격의 움직임에 대한 민감도를 통해 파악할 수도 있는데, 자산가격 움직임에 민감하게 반응하는 사람은 대체적으로 위험수용력의 의지수준이 낮은 편이다. 개인의 기질도 의지 수준의 판단에 활용될 수 있다. 놀이공원에서 스릴 넘치는 기구들에 대한 이용정도, 남에게 자신의 감정을 드러낼 수 있는 정도, 새로운 것을 시작하는 하는데 거리낌이 없는 정도 등이 높은 수준이면 위험수용에 대한 의지 수준이 높다고 판단할 수 있다. 위험수용 능력을 판단할 때에는 현새의 재산수준뿐만 아니라 직업의 안정성, 향후 수입의 확실성 등도 고려되어야 한다. 위험감수에 대한 의지와 능력을 반영한 위험수용력 단계는 개인마다 다르게 설

정할 수 있지만, 보통 3~5등급 단계로 설정하면 무난하다.

위험수준이 결정되면 이어 목표수익률을 결정하는데, 목표수익률은 항상 위험수준에 종속적이어야 한다. 'High Risk, High Return'이란 말처럼 위험을 감수해야 높은 수익률을 기대할 수 있기 때문이다. 위험목표가 높은 사람은 위험자산을 많이 편입할 수 있으므로 목표수익률을 높게 설정할 수 있다. 반면, 보수적 위험목표를 설정한 사람은 그에 맞는 합리적 수준의 목표수익률을 설정해야 한다. 목표수익률을 설정하는데 위험수준뿐만 아니라 시기별 관점도 고려할 수 있다. 단기에 자산을 급성장시킬 필요가 있다면 공격적인 목표수익률을 설정할 수 있고, 장기적 관점에서 계획을 세운다면 약간 보수적으로 접근할 수 있다.

위험과 수익률에 대한 목표설정과 함께 제약사항 점검도 중요하다. 고려되어야 할 제약사항 중 가장 중요한 것은 유동성제약 상황이다. 유동성제약 상황이란 정상 수입으로 대체가 되지 않아 추가적으로 현금이 필요한 상황이다. 결혼식 비용, 학자금 비용, 주택구입 비용 등이 유동성제약의 대표적인 예이다. 유동성제약 상황의 규모가 크고 빈도가 잦을수록 장기투자 및 유동성이 낮은 위험자산에 투자하기 어려워진다. 수익률 제고 측면에서 어려움이 있더라도 유동성제약 상황은 목표수익률 설정과 자산배분 시 충분히 반영되어야 한다. 만일 유동성제약 사항이 제대로 고려되지 않은 상태에서 투자를 실행한 후 유동성위기가 닥치면 큰 손실을 볼 수 있기 때문이다.

투자자에 따라 세금도 중요한 이슈가 될 수 있다. 대다수 투자자들은 세금 수준에 둔감한 편이지만, 이자소득이 연 2,000만원 이상으

로 종합과세 대상이 되는 투자자들에게는 세금이 가장 민감한 이슈이다. 이런 투자자들은 무엇보다도 자산배분 시 세금의 영향을 중요하게 고려해야 한다.

## ■ 투자자산 특성을 분석하다

자산배분에 있어 자신의 투자목표를 설정하는 것만큼이나 중요한 것이 적절한 투자자산을 선택하는 것이다. 자신의 위험과 수익률 목표에 부합하는 자산들을 선택해야 자산배분이 완성되고, 투자성공의 가능성도 높아지기 때문이다. 투자자산을 제대로 선택하기 위해서는 1차적으로 투자자산에 대해 알아야 한다. 특히, 투자자산의 수익률과 위험의 특성을 정확히 파악하는 것이 중요하다. 자산배분은 결국 수익률과 위험의 배분 문제이기 때문이다. 다음은 독자들의 이해를 돕기 위해 주요 투자자산의 실제 수익률 및 위험 특성을 살펴보기로 한다.

분석대상은 각 투자영역을 대표하는 주식, 채권, 예금, 아파트로 구성하였다. 주식을 대표하는 자산으로 가장 대표적 지수인 종합주가지수(KOSPI)를 선정하였고, 채권의 경우 우량채권을 대표하여 한국은행이 발행하는 1년 만기 통안채, 위험채권을 대표하여 3년 만기 BBB-등급 회사채를 선정하였다. 예금의 경우 시중은행 및 신협의 1년 정기예금을 포함하였고, 부동산 자산으로 서울아파트를 선정하였다.

각 자산의 기대수익률과 위험을 산출하기 위해 우선 2002년 1월

부터 2012년 12월 사이 120개의 기준수익률(1년간의 수익률을 매월 말 측정)을 산출하였다. 이렇게 산출된 기준수익률의 평균과 표준편차를 각 자산의 기대수익률과 위험으로 정의하였다. 동 위험은 가격과 금리의 변동을 반영한 것이기 때문에 엄밀히 말하면 시장위험에 가깝다. 여기서 말하는 위험은 신용 및 유동성위험을 포괄하는 종합적 위험이기 때문에 산출된 위험에 신용 및 유동성 요소를 가산하여 종합위험으로 새로 정의하였다.

채권에 투자한 후 금리가 변동하면 평가가격의 변동이 발생한다. 만기 1년인 통안채의 경우 1년이 경과한 시점에 만기가 도래하기 때문에 평가위험이 없지만, 만기 3년 BBB-등급 회사채의 경우 1년이 경과되면 만기 2년의 채권이 되기 때문에 금리변동 위험에 노출된다. 이를 반영하기 위해 만기 3년 BBB-등급 회사채의 1년간 금리변동 1.1%p(10년간 변동의 평균)와 채권의 듀레이션(2년)을 고려하여 2.2%p의 시장위험을 표준편차 위험에 가산하였다. BBB-등급 회사채는 신용위험 역시 높기 때문에 이를 반영하기 위해 3년 만기 BBB-등급 회사채와 동 만기 국고채의 금리차인 5.3%p(10년간 금리차의 평균)를 신용위험으로 가산하였다. 또한 시장상황이 악화되면 BBB-등급 이하 채권의 거래는 거의 실종되기 때문에 이런 유동성위험을 반영하기 위해 5%p를 추가 가산하였다.

예금의 경우 예금자보호제도가 적용되지만 보호한도가 원리금 5,000만원으로 제한되기 때문에 동 금액을 초과하는 원리금에 대해서는 신용위험이 존재하게 된다. 동 위험을 반영하기 위해 신협예금에 3.5%p, 시중은행 예금에 1%p를 가산하였다. 그리고 예금은 중

도해지하는 경우 이자를 거의 받지 못하기 때문에 유동성위험으로 0.5%p를 각각 가산하였다.

**[표 5-1]** 기대수익률 및 위험의 산출 요건

| 표본기간 | – 2002년 1월~2012년 12월 |
|---|---|
| 기준수익률 | – 1년 기준으로 매월말 측정<br>– 주식, 아파트 : 전년 동월말 대비 변동률<br>– 채권, 예금 : 전년 동월말 기준의 금리 |
| 기대수익률 | – 각 종목 기준수익률의 시계열 평균 |
| 시장위험 | – 각 종목 기준수익률의 시계열 표준편차 |
| 종합위험 | – 표준편차 위험에 신용 및 유동성위험 등을 가산하여 산출 |

표 5-2는 앞서 언급한 기준으로 산출한 각 자산의 기대수익률과 위험에 대한 결과이고, 그림 5-2는 이를 도식화한 것이다. 표 5-2의 결과를 보면 종합주가지수, BBB-등급 회사채는 기대수익률과 위험이 모두 높은 반면, 은행예금과 통안채는 기대수익률과 위험이 상대적으로 낮다는 것을 확인할 수 있다. 또한 그림 5-2에서 각 투자자산의 기대수익률과 위험의 교차점을 선으로 연결하면 우상향 곡선이 되는데, 이는 위험이 커짐에 따라 기대수익률이 커지는 'High Risk, High Return'의 특성을 잘 보여주고 있다.

**[표 5-2]** 투자자산의 기대수익률 및 위험

| 투자 자산 | 기대 수익률 | 시장 위험 | 종합 위험 | 비고 |
|---|---|---|---|---|
| 종합주가지수 | 13.0% | 24.5% | 24.5% | – 조정 없음 |
| BBB–회사채 | 9.6% | 1.3% | 13.8% | – 평균 금리변동(1.1%p)과 듀레이션(2년)을 반영하여 시장위험 2.2%p 가산<br>– BBB–3년과 국고3년의 금리차(5.3%p)를 신용위험으로 가산<br>– 시장악화 시 거래실종 상황을 반영하여 유동성위험으로 5%p 가산 |
| 서울아파트 | 5.5% | 7.4% | 7.4% | – 조정 없음 |
| 신협예금 | 5.1% | 0.6% | 4.6% | – 신용위험으로 3.5%p를 가산하고, 유동성위험으로 0.5%p를 가산 |
| 은행예금 | 4.4% | 0.8% | 2.3% | – 신용위험으로 1%p를 가산하고, 유동성위험으로 0.5%p를 가산 |
| 통안채 | 4.2% | 0.9% | 1.9% | – 채권 거래규모 제약에 따른 유동성위험으로 1%p 가산 |

※ 출처 : 한국은행 경제통계시스템 통계 정보

[그림 5-2] 투자자산의 기대수익률과 위험의 그래프

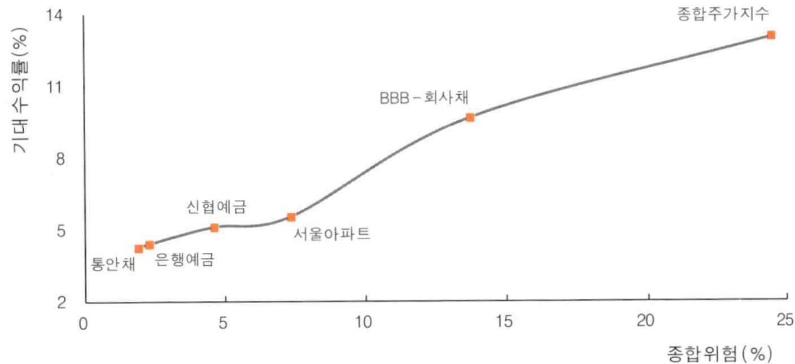


[그림 5-3] 투자자산의 위험(1%)당 기대수익률 현황

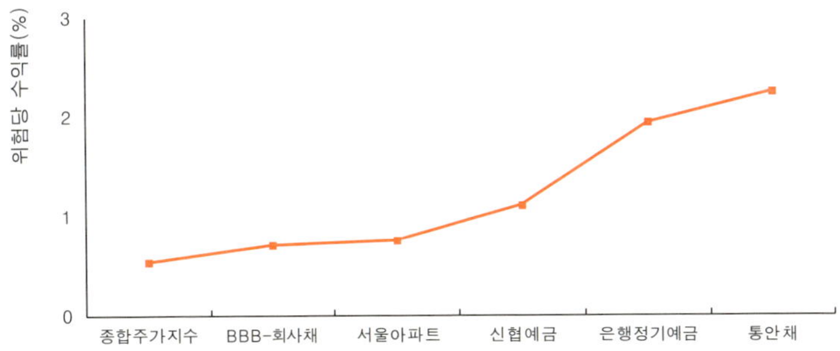


그림 5-2와 같이 일반적으로 기대수익률이 높아지면 위험수준도 병행하여 높아지기 때문에 기대수익률이나 위험 하나로 각 자산의 비교우위를 판단하기는 어렵다. 그러나 위험당 기대수익률(=기대수익률/위험) 수준을 비교하면 간접적으로 투자자산의 효율성 정도는 판단할 수 있다. 그림 5-3은 이런 관점에서 각 투자자산의 위험 1%당 기대수익률을 도식화한 것이다. 그림에서 보면 통안채의 위험당 기대

수익률이 가장 높고, 종합주가지수의 위험당 기대수익률이 가장 낮음을 알 수 있다. 결과만으로 판단한다면 위험자산의 경우 위험 대비 투자효율성이 낮기 때문에 투자비중을 줄여야 한다. 하지만 위험의 효율성은 자산배분에 있어 절대기준이 아니다. 자산배분은 위험의 효율성 순으로 자산을 배분하는 것이 아니라 자신의 위험과 수익률 목표에 부합하는 최적의 자산을 선택하는 과정이다. 위험의 효율성은 이 과정 중에 참고되는 자료일 뿐이다. 저위험/저수익 자산이 필요한 사람이 있는가 하면, 고위험/고수익 자산이 필요한 사람도 있고, 두 형태가 병행되어 필요한 사람도 있다.

## ■ 자산을 전략적으로 배분하다

자산배분 프로세스의 두 번째는 자산군을 배분하는 단계이다. 여기서 말하는 자산군(Asset Class)이란 수익률과 위험 특성이 서로 구별되는 자산의 집합이다. 대표적인 예로 주식과 채권은 명확히 구별되는 자산군이다. 주식과 주식형펀드도 수익률의 변동성 차이 등 위험 특성이 다르기 때문에 서로 다른 자산군으로 분류할 수 있다. 은행예금과 신협예금도 자산 형태는 유사하나 신용위험 수준이 다르기 때문에 서로 다른 자산군으로 분류한다.

자산군 배분의 1단계는 자산군을 선배분하는 과정이다. 이것은 자산군 배분의 큰 그림이라 할 수 있다. 먼저 위험의 목표 수준에 따라 안전자산과 위험자산의 비중을 배분하고, 이어 안전자산과 위험자산 내 각 자산군의 비중을 결정한다. 이때 유동성 이슈 등 투자자의 제

약사항과 직업의 특성 등도 반영해야 한다. 공무원, 선생님, 공기업 직원 등 수입 흐름이 비교적 안정적인 투자자들은 주식과 같이 투자 결과의 변동이 큰 자산군의 비중을 높이는 게 좋고, 소득의 변동이 큰 투자자는 투자결과의 변동이 작은 자산군의 비중을 높이는 게 좋다. 이는 근로소득과 투자이익을 합한 총수입이 안정적으로 유지되게 하기 위함이다.

자산배분의 2단계는 기대수익률과 위험의 목표 수준을 바탕으로 자산군 배분을 최적화하는 단계이다. 1차 배분된 자산군 포트폴리오의 기대수익률과 위험이 목표 수준에 부합하도록 각 자산군의 비중을 재조정하는 것이다. 자산군을 정교하게 재조정할 수 있는 고급 최적화 방법도 많이 있지만, 개인투자자의 최적화 재조정은 기대수익률과 위험의 목표 수준 확인으로 충분하다. 목표 수준을 확인하기 위해서는 포트폴리오의 기대수익률과 위험을 산출해야 하는데, 이때 표 5-3의 공식을 활용할 수 있다. 표 5-3 공식의 포트폴리오 기대수익률은 각 자산군의 비중과 기대수익률을 곱한 후 이를 모두 더하는 가중평균(weighed average) 방식으로 산출한다. 포트폴리오의 위험은 가중평균 개념에 상관계수 효과를 추가 반영하여 산출하는데, 산출공식이 다소 복잡하기 때문에 개인투자자의 경우 기대수익률 공식과 같이 가중평균 방식으로 산출해도 무방하다. 이렇게 산출된 포트폴리오 기대수익률이 목표 수준보다 낮으면 위험자산의 비중을 높이고, 위험이 목표 수준보다 높으면 위험자산 비중을 낮추는 방식으로 포트폴리오의 기대수익률과 위험을 조정하면 된다. 기대수익률과 위험의 목표 수준을 동시에 충족시킬 수 없을 때에는 목표 수

준을 수정하되, 가급적 위험이 아닌 기대수익률의 목표 수준을 조정해야 한다.

[표 5-3] 포트폴리오 기대수익률 및 위험의 산출공식

A자산 기대수익률 : R(A), A자산 위험 : σ(A)

A자산 비중 : Wa, A자산과 B자산의 상관계수 : Cab,

포트폴리오 기대수익률 : R(P), 포트폴리오 위험 : σ(P)

$$R(P) = Wa \times R(A) + Wb \times R(B) + \cdots + We \times R(E)$$

$$\sigma(P)^2 = T = Wa^2 \times \sigma(A)^2 + \cdots + We^2 \times \sigma(E)^2 + 2 \times Wa \times Wb \times \sigma(A) \times \sigma(B) \times Cab$$
$$+ \cdots + 2 \times Wd \times We \times \sigma(D) \times \sigma(E) \times Cde$$

$$\sigma(P) = \sqrt{T}$$

앞서 언급한 자산배분 과정을 30대 초반 미혼남성과 40대 후반 기혼남성의 사례를 통해 자세히 살펴보자. 30대 미혼남성은 공기업 직장인이고, 40대 남성은 일반 회사원으로 두 직장 모두 주식시장과의 연계성이 낮다. 30대 남성은 안정적인 직장, 위험감수에 대한 높은 의지 등 위험수용력이 높기 때문에 기대수익률 8%, 위험 13%의 고수익/고위험 목표를 설정하였다. 반면, 40대 남성은 위험수용력 등이 30대 남성에 비해 상대적으로 낮기 때문에 기대수익률 5%, 위험 7%의 중수익/중위험 목표를 설정하였다. 표 5-4는 목표 수준에 따른 1차 자산군 배분의 결과이다.

30대 남성은 위험에 대한 공격적 성향을 갖고 있기 때문에 위험자산과 상대적 안전자산의 비중을 3:1로 배분하였다. 직장과 주식시장

의 연계도가 낮기 때문에 위험자산은 모두 주식시장에 연계된 자산으로 구성(주식 직접투자 35%, ELS 20%, 주식형펀드 20%)하였다. 반면, 가까운 시일 내에 결혼으로 인한 자금수요가 있을 수 있기 때문에 환금성인 낮은 자산의 비중을 35%(ELS 20%, 연금저축 10%, 신협예금 5%)로 설정하였다.

40대 남성은 위험성향이 공격적이지 않기 때문에 위험자산과 상대적 안전자산의 비중을 1:3으로 설정하였다. 안전자산은 수익의 변동성이 크지 않은 금리형 자산으로 구성(연금저축 20%, 채권형펀드 20%, 신협예금 25%, CMA 10%)하였고, 특이한 유동성 이슈가 없기 때문에 환금성이 낮은 자산의 비중을 60%(ELS 15%, 연금저축 20%, 신협예금 25%)로 설정할 수 있었다.

표 5-4의 결과를 보면 30대 남성과 40대 남성 모두 1차 자산군 배분과정에서 기대수익률과 위험의 목표 조건을 충족하지 못하고 있다. 목표 조건을 충족하기 위해서는 '기대수익률이 목표 수준 이상, 위험이 목표 수준 이하'라는 조건을 동시 충족해야 한다. 30대 남성의 기대수익률은 9.0%로 기대수익률 목표인 8% 이상이나, 위험이 15.3%로 위험 목표인 13%를 초과하여 전체적으로 목표 조건을 충족하지 못하고 있다. 40대 남성은 위험이 3.8%로 위험 목표인 7% 이하이나, 기대수익률이 4.2%로 기대수익률 목표인 5%에 미달하여 전체적으로 목표 조건을 충족하지 못하고 있다. 따라서 두 사람 모두 목표 조건 충족을 위한 자산재조정이 필요한 상태이다.

**[표 5-4]** 30대 및 40대의 자산군 배분(1차) 사례

| 투자자산 | 30대 초반 남성 | | | 40대 후반 남성 | | |
|---|---|---|---|---|---|---|
| | 비중 | 수익률 | 위험 | 비중 | 수익률 | 위험 |
| 주식투자 | 35% | 13.0% | 25.0% | | | |
| ELS(개별종목) | 20% | 11.0% | 19.0% | | | |
| ELS(지수) | | | | 15% | 6.0% | 10.0% |
| 주식형펀드 | 20% | 7.0% | 12.0% | 10% | 7.0% | 12.0% |
| 연금저축 | 10% | 4.0% | 2.0% | 20% | 4.0% | 2.0% |
| 채권형펀드 | | | | 20% | 3.7% | 1.0% |
| 신협예금 | 5% | 3.2% | 1.7% | 25% | 3.2% | 1.7% |
| CMA | 10% | 2.6% | 0.5% | 10% | 2.6% | 0.5% |
| 포트폴리오 | 100% | 9.0% | 15.3% | 100% | 4.2% | 3.8% |
| 목표 수준 | 기대수익률 8%, 위험 13% | | | 기대수익률 5%, 위험 7% | | |

※ 신협 1곳당 예금 금액은 예금보호제도 한도인 원리금 5,000만원 이내로 제한

표 5-5는 1차 자산군 배분 이후 각 자산군의 비중을 재조정한 결과이다. 재조정 결과 30대 남성의 기대수익률 및 위험은 각각 8.0%, 13.0%로 목표 조건에 부합하고 있다. 40대 남성의 경우도 기대수익률 및 위험이 각각 5.1%, 6.0%로 역시 목표 조건에 부합하고 있다. 이런 결과를 얻기 위해 30대 남성은 위험이 높은 자산군의 비중을 축소시켰다. 주식의 비중을 10%p 축소시키는 대신 상대적으로 위험이 낮은 연금저축과 신협예금의 비중을 각각 5%p 증가시켰다. 다만, 유동성 유지를 위해 CMA 비중은 10% 수준을 그대로 유지하였

다. 이런 조정을 통해 결과적으로 위험과 기대수익률이 각각 1.0%p 및 2.3%p 감소하였다. 40대 남성은 30대 남성 경우와 반대로 1차 배분에서 수익률이 목표 수준에 미달하였기 때문에 위험자산의 비중을 높여 기대수익률을 증가시켰다. 위험자산은 ELS(개별종목) 10%p, ELS(지수) 5%p를 각각 증가시킨 반면, 안전자산은 채권형펀드, 신협예금, CMA의 비중을 각각 5%p 감소시켰다. 이런 과정을 통해 기대수익률과 위험이 각각 0.9%p 및 2.2%p 증가하였다.

[표 5-5] 30대 및 40대 자산배분 재조정 사례

| 투자자산 | 30대 초반 남성 | | | 40대 후반 남성 | | |
|---|---|---|---|---|---|---|
| | 비중 | 수익률 | 위험 | 비중 | 수익률 | 위험 |
| 주식투자 | 25% | 13.0% | 25.0% | | | |
| ELS(개별종목) | 20% | 11.0% | 19.0% | 10% | 11.0% | 19.0% |
| ELS(지수) | | | | 20% | 6.0% | 10.0% |
| 주식형펀드 | 20% | 7.0% | 12.0% | 10% | 7.0% | 12.0% |
| 연금저축 | 15% | 4.0% | 2.0% | 20% | 4.0% | 2.0% |
| 채권형펀드 | | | | 15% | 3.7% | 1.0% |
| 신협예금 | 10% | 3.2% | 1.7% | 20% | 3.2% | 1.7% |
| CMA | 10% | 2.6% | 0.5% | 5% | 2.6% | 0.5% |
| 포트폴리오 | 100% | 8.0% | 13.0% | 100% | 5.1% | 6.0% |
| 목표 수준 | 기대수익률 8%, 위험 13% | | | 기대수익률 5%, 위험 7% | | |

## ■ 투자를 실행하고, 피드백을 하다

자산배분 프로세스의 마지막 단계는 투자 및 피드백 과정이다. 자산군 배분이 완료되면 분배된 자산군에 따라 구체적 투자종목을 선택하여 투자를 실행하게 되고, 투자결과에 따라 종목을 교체하는 등 피드백 과정을 거치게 된다. 피드백 과정은 일시적인 종목 교체로 국한되는 게 아니라 자산배분 프로세스 전 과정에 걸쳐 동적으로 이루어져야 한다.

자산군 내 투자종목을 선택할 때는 복수의 종목을 선택한다. 자산군의 배분도 분산효과를 위해 중요하지만, 자산군 내 포트폴리오를 통한 분산효과도 매우 중요하기 때문에 단일종목이 아닌 복수종목을 선택하여 자산군 포트폴리오를 완성해야 한다. 투자종목 선택은 또한 신속해야 한다. 금융시장은 외부환경에 매우 민감하기 때문에 투자자를 기다려주지 않는다. 따라서 시장분석과 자산군 배분이 완료되었다면 이에 따른 종목 선택은 신속히 이루어져야 한다. 결과가 좋지 않을 경우 피드백 과정에서 종목을 교체할 수 있기 때문에 종목 선택에 대한 너무 큰 부담을 가질 필요는 없다.

투자에 대한 피드백은 투자결과의 모니터링과 이에 따른 조정과정으로 구성된다. 모니터링은 투자한 종목의 실제수익률이 자산군 포트폴리오의 기대수익률에 부합하는지, 손절매 한도 이내에 있는지 등을 점검하는 것이다. 모니터링 주기는 개개인의 상황을 고려하여 결정하면 되는데, 너무 극단적인 상황만 피하면 된다. 모니터링을 소홀히 해서 조정 시기를 놓치는 것도 문제지만, 과유불급이란 말이 있

듯이 투자결과에 너무 집착하여 심리적으로 흔들리는 것도 문제이다. 적당한 주기로 모니터링을 하는 것이 가장 좋다.

부진 종목이 발견될 경우 1차적으로 종목을 교체하여 해당 자산군의 기대수익률 목표를 충족시켜야 한다. 종목을 교체해도 자산군의 기대수익률과 위험 목표를 충족시키기 어려운 경우에는 2차적으로 자산군을 조정할 필요가 있다. 자산군 조정을 통해서도 기대수익률과 위험의 목표 수준을 충족시키기 어렵다고 판단되는 경우에는 3차적으로 기대수익률과 위험의 전체 목표 수준을 조정하게 된다. 1차에서 3차로 갈수록 조정 빈도는 낮게, 고민은 깊게 해야 한다. 그만큼 기존에 설정한 목표 수준의 유지가 중요하기 때문이다.

실행 및 피드백 과정에서 유동성관리 역시 중요하다. 유동성을 필요로 하는 상황이 계획한 것과 달라질 수 있기 때문에 자신의 유동성 필요 상황과 투자자산의 유동성 상황을 상시적으로 점검해야 한다. 시장악화가 예상되는 경우나 새로운 투자기회가 포착되어 투자 타이밍을 기다라는 경우라면 피드백 과정에서 능동적으로 유동성을 증가시킬 수도 있고, 투자 계획 시 고려했던 것보다 투자조건이 좋을 때는 투자금액을 늘려 유동성 수준을 낮게 유지할 수도 있다.

PART
06
실전투자를 하다

　지금까지는 주로 재불림 투자의 원리적 측면을 다뤄왔지만, 이 장에서는 실전상품 소개, 투자 시 유의점 등 재불림 투자의 실제적인 부분을 다루고자 한다. 이론지식과 실전지식은 여러 측면에서 다를 수 있기 때문에 실전시장에 익숙하지 않다면 투자성공은 기대하기 힘들 것이다. 따라서 투자상품에 대해 구체적으로 아는 것도 매우 중요하다.

　본 장은 예금, 주식, 펀드, 채권, 파생상품, 보험 순으로 구성하였지만, 보험 이외 부문은 고객들의 인지도에 따라 순서를 배열했을 뿐 순서에 대한 유기적 의미는 없다. 따라서 선호에 따라 읽는 순서를 달리하거나 선택적으로 읽는 것도 가능하다.

## ■ 예금, 목적이 필요하다

펀드 등 간접투자시장이 성장하기 전 사람들의 가장 일반적인 투자는 예금저축이었다. 목돈을 마련하기 위해 적금에 가입하였고, 목돈이 생기면 정기예금에 예치하였다. 시대가 변하여 간접투자시장이 성장하고, 증권사 및 보험사의 금융상품이 다양해지면서 예금은 여러 금융상품 중 하나로 위치가 변하였다. 이제는 예금 역시 목적에 따라 비교하면서 선택해야 하는 대상이 된 것이다. 예금의 목적은 크게 현금관리와 투자로 나뉠 수 있고, 투자는 다시 목돈 마련과 목돈 굴리기로 세분될 수 있다.

현금관리는 예금가입의 가장 기본적 목적이다. 현금관리라 하면 급여이체, 각종 공과금 및 비용의 자동이체, 생활자금의 유출입 등인데, 이런 용도를 위해 만들어진 것이 보통예금이다. 대다수 은행

은 현금관리의 편리함을 제공하는 대신 무이자에 가까운 낮은 이자를 지급하고 있다. 보통예금 이외 현금관리 기능을 제공하는 은행 상품으로 MMDA(Money Market Deposit Account)가 있다. MMDA는 보통예금처럼 대부분의 현금관리 기능을 제공하면서 보통예금보다 높은 금리를 제공한다. 은행 입장에서는 조달금리가 낮은 보통예금에 집중할 수밖에 없기 때문에 MMDA 홍보에 다소 소극적인 편이다. MMDA는 고액의 현금관리, 예금자보호, 은행 이용을 원하는 사람들에게 상대적으로 더 적합한 상품이다.

증권사 CMA(Cash Management Account)는 대부분의 현금관리 기능을 제공하는 수시입출금식 상품이다. 고객이 CMA 계좌에 입금할 경우 자금은 MMF 혹은 RP상품에 투자되고, 증권사는 MMF 혹은 RP상품의 투자수익을 바탕으로 고객에게 연 2.5% 내외의 이자를 지급한다. 증권사 CMA는 은행 보통예금에 비해 확실히 금리경쟁력을 갖고 있다. 따라서 단기 현금관리 자금은 모두 CMA로만 운용해야 할 것 같지만, 그건 선택의 문제이다. 은행 및 저축은행 등의 보통예금은 예금자보호 대상이지만 대부분의 CMA는 원리금이 보호되지 않는 투자상품(종금형 제외)이다. 따라서 CMA 가입자는 증권사가 원리금을 지급하지 못할 위험 즉, 신용위험을 부담해야 한다.

이런 신용위험의 가장 대표적 상황은 증권사의 평판 문제로 인해 CMA 가입자가 집단적으로 자금을 인출하는 상황이다. 이런 경우 증권사는 운용 중인 CMA 담보채권을 매도하여 고객에게 원리금을 지급하는데, 유동성 문제 등으로 채권을 매도하지 못하면 고객에게 자금을 제 때, 제 금액만큼 지급하지 못할 수도 있다. 발생 빈도가

극히 낮은 상황이나, 발생 개연성이 있다는 측면에서 CMA의 신용위험으로 볼 수 있다. 절대적 안정을 추구하는 고객이라면 예금자보호한도 내에서 보통예금 내지 MMDA를 이용하면 되고, 단기적 현금관리 목적으로 추가 이자를 원하는 고객이라면 증권사의 신용위험을 부담하면서 적정한 CMA를 선택하면 될 것이다.

목돈 마련을 위한 은행의 대표적 예금 상품은 적금이다. 한 때 적금은 목돈 마련을 위한 가장 보편적 상품이었으나, 금리가 점진적으로 하락하고 적립식펀드와 같은 적립기능을 가진 대체상품이 출현하면서 과거의 존재감이 사라지고 있다. 다만, 올해 3월에 비과세 혜택을 제공하는 적금 형태의 재형저축이 출시되면서 시장의 관심이 증가하고 있다.

적금의 적립기능 자체는 매우 훌륭하나 타 상품에 비해 금리가 낮은 점, 중도해지 시 이자를 거의 못 받는 점은 아쉬운 부분이다. 이런 단점을 부분적으로 보완할 수 있는 상품이 바로 적립식펀드이다. 적립식펀드는 매월 적립기능을 제공하면서 시황에 따라 높은 성과를 기대할 수 있고, 중도환매 비용 역시 상대적으로 낮다. 이런 이유로 목돈 마련 필요성이 높은 젊은 층의 경우 적금보다는 적립식펀드를 선호하고 있다. 예금과 적립식펀드 모두 적립 기능에선 동일하므로 적금과 펀드의 선택은 투자자의 성향에 따라 판단하면 될 것이다. 가장 보수적 투자자라면 은행의 적금을, 중도보수 투자자라면 새마을금고나 신협의 적금을, 적극적 위험감수 투자자라면 주식형 적립식펀드를 선택하면 될 것이다.

정기예금은 목돈을 운용하는 상품 중 하나이다. 정기예금에 가입

하면 원금보장의 안정성은 높다. 하지만 수익성은 다른 투자상품에 비해 상대적으로 낮은 편이고, 긴 만기와 높은 해지비용으로 인한 유동성비용도 만만치 않다. 목돈을 모을 때까지는 어떻게 모으든 일정 수준에 도달하면 됐지만, 목돈 운용은 투자방향에 따라 질적으로 달라진다. 신중하고 또 신중해야 한다. 전체 투자자산의 위험배분 차원에서 정기예금에 가입하는 것은 나쁘지 않지만, 자신의 세대적 특성과 무관하게 시중은행 정기예금에 올인하는 것은 적절치 않다. 정기예금도 투자상품 중 하나이다. 자신의 투자목표와 위험감수 능력을 고려하고 다른 투자상품과 비교하면서 정기예금의 가입여부를 판단해야 한다.

## ■ 예금투자, 다양하게 접근하자

앞서 언급한 것 같이 예금은 유일한 저축대상에서 이제 자산배분으로 선택하는 하나의 금융상품으로 지위가 변했다. 이런 변화의 흐름에 따라 예금을 취급하는 금융기관부터 상품까지 다양해지고 있다. 자산배분 등을 통해 투자상품으로 예금을 선택하였다면 자신에게 맞는 최적의 예금기관과 상품을 선택하는 것이 중요하다.

우선 2013년 3월 재출시된 재형저축을 생각해보자. 기본적으로 5,000만원 이하 근로소득자나 종합소득 3,500만원 이하 사업자가 분기당 300만원을 한도로 7년 동안 예금을 유지하면 비과세(농특세 1.4% 부과) 혜택이 제공되는 상품이다. 최초 3년간 시중은행 적금 금리보다 높은 4.1~4.3%의 고정금리를 제공하고, 이후 기간에는 시

중금리를 적용한다. 또한 일정조건을 충족하면 0.2~0.4%p의 추가 금리도 받을 수 있다. 이 정도 조건이면 소득조건을 만족하는 젊은 층이 반드시 가입해야 할 상품이다. 적립기능만으로도 고마운 일인데 여기에 비과세 혜택까지 제공하니 말이다.

그러나 투자규모 결정은 신중해야 할 것 같다. 재형저축은 7년 동안 적립금액이 묶인다. 중도에 해지하면 받을 수 있는 이자가 크게 줄어들면서 비과세 혜택도 없어지게 된다. 그렇기 때문에 7년 동안 묶을 수 있는 금액 범위로 저축금액을 제한할 필요가 있다.

수익성도 저축금액을 결정짓는 중요한 요소이다. 비과세 혜택이 있고, 4년째부터 시중금리를 적용한다 하더라도 기본적으로 저금리시대의 예금 상품이기 때문에 수익률에 한계가 있을 수밖에 없다. 목돈 마련을 위해 일정 부문의 위험감수가 필요한 젊은 층에게 있어 저축 가능 소득을 모두 예금에만 넣을 수는 없는 것이다. 주식, 펀드 같은 위험자산과 예금 상품에 대한 자산배분이 필요하다. 재형저축은 젊은 층에게 분명히 좋은 상품이나, 저축금액을 결정하는 데 있어서는 향후 유동성 필요금액과 수익성 등을 고려해야 할 것이다.

제2금융권으로 불리는 저축기관들의 예금도 눈여겨볼 만하다. 신협, 새마을금고, 저축은행 등의 예금 상품은 대체적으로 시중은행 예금 금리보다 0.2~0.5%p가 더 높다. 추가 금리는 시중은행에 비해 높은 신용위험에서 기인하지만, 신용위험에 대한 해결책이 없는 건 아니다. 금융기관당 원리금 5,000만원까지 예금보호제도가 적용되기 때문이다. 물론 예금을 가입한 금융기관이 부도가 나거나 영업정지가 될 경우 보호된 원리금을 바로 찾지 못하는 불편함이 있을 수 있다.

그러나 원리금을 날리는 위험과 비교하면 하늘과 땅 차이다. 그렇기 때문에 금융기관별 총거래금액을 원리금 5,000만원 이내 예금으로 제한하는 것이 무엇보다 중요하다. 최근 저축은행 사태는 이 점을 잘 보여주고 있다. 투자자가 아무리 호소를 하여도 5,000만원을 초과하는 예금의 원리금이나 예금이 아닌 후순위채 투자금액에 대해서는 안타깝게도 보상받을 길이 전혀 없는 것이다.

보험사의 저축성보험도 예금과 유사한 상품이다. 저축성보험은 사고에 대한 보장기능과 저축기능을 모두 갖고 있지만 저축기능에 더 치우쳐진 상품이다. 보험을 10년간 유지하면 비과세 혜택을 부여하기 때문에 장기 절세목적의 투자자에게 적합한 상품이기도 하다. 저축성보험의 금리는 공시이율과 최저이율로 표현된다. 공시이율은 저축성보험에 직접적으로 적용되는 금리로 보험사가 매월 초 발표하며, 상품에 따라 매월 적용하기도 하고 연 1회 적용하기도 한다. 최저이율은 시중금리의 하락위험에 대한 보장책으로 공시이율이 상품가입시 설정된 최저이율보다 낮을 경우 최저이율을 저축금리로 적용하게 된다.

일부 상품광고에서 시중금리보다 높은 공시이율을 강조하기도 하는데 주의가 필요한 부분이다. 저축성보험을 비롯한 보험상품들은 보험기간 초기에 사업비가 차감되기 때문에 사업비 차감기간 동안에는 적립되는 원금이 줄어들 수밖에 없다. 따라서 표면 공시이율이 높다고 해서 실질수익률이 높다고 단정짓기는 어렵다. 또한 초기에 해약하게 되면 사업비 차감 등으로 원금손실이 발생할 수도 있음을 유의해야 한다.

증권사에서 취급하는 약정식 RP도 관심을 가져볼 만하다. 약정식 RP는 CMA RP와 마찬가지로 채권을 담보로 하는 금리거래 상품으로 CMA RP 및 기타 단기예금에 비해 상대적으로 높은 금리의 이자를 제공한다. 따라서 6개월 미만의 자금을 예치할 때 유용한 상품이다.

# 주식 투자

## ■ 자산배분의 주식투자

우리 사회에서 많은 사람들이 주식투자라 하면 위험한 투자, 가산탕진, 일확천금 등 부정적 이미지를 떠올리곤 한다. 그러나 이런 이미지와 다르게 주식은 국민연금을 비롯한 기관투자자들의 주요 운용수단이며, 가장 많은 사람들이 투자하는 대중적인 자산이다. 더군다나 저금리/저성장 국면에 접어들면서 금리형 투자자산들의 이자 수준이 급락하고 있어, 주식은 저금리 시대의 투자자산으로써 더 기대되고 있다. 한마디로 말해 주식은 위험하지만 포기할 수 없는 투자수단인 것이다. 따라서 개인들도 자산배분 관점에서 주식투자를 적절히 활용할 필요가 있다. 그러기 위해서는 먼저 주식과 그 투자방법에 대한 이해가 필요하다.

주식투자에 성공하기 위해서는 주가의 속성을 잘 알아야 한다. 주

가는 1주당 가격 즉, 주식의 가치이다. 어찌 보면 참 쉬운 정의다. 이윤을 남기기 위해서는 싸게 사서 비싸게 팔면 된다. 이것도 참 쉬운 전략이다. 이런 단순한 정의와 전략에 비해 주가의 속성 자체는 매우 복잡하다. 주가는 기본적으로 주식의 가치이기 때문에 영업이익, 순이익 등 기업의 본질적 가치요소에 영향을 받는다. 기업의 이익이 증가할 것으로 예상되면 주가는 오르게 되어 있다. 주식은 시장에서 거래되는 상품이기 때문에 시장에 참여하는 사람들의 투자심리와 거래량에도 영향을 받는다. 시장분위기가 좋고 거래량이 급증할 때는 주가가 탄력을 받아 상승하게 된다. 시장분위기는 주식시장 자체의 상황뿐만 아니라 해외시장의 상황, 금리 및 외환시장 등 주변시장의 상황에 따라 달라질 수 있다.

결국 주가는 지금까지 언급한 요소들에 의해 복합적으로 영향을 받아 결정된다고 말할 수 있다. 그래서 어려운 것이다. 쉬워서 쉽게 접근해도 이익을 낼 수 있고, 어려워서 복잡한 분석과 연구를 많이 해도 정복하기 힘든, 양면적 속성이 존재하는 곳이 바로 주식시장이다. 오묘한 시장이지만 오랜 시장의 역사를 통해 그리고 많은 사람들의 경험을 통해 발견된 대표적인 속성들이 있다. 다음 사항은 절대적 사실이라 말할 수 없지만, 주식투자에 충분히 참고할 만한 사항들이다.


1) 주가는 기업실적 및 경제상황에 항상 선행한다.

2) 아무리 실적이 좋은 주식이라도 주식시장 분위기를 뛰어넘기는 어렵다.

3) 아무리 좋은 주식이라도 주가가 계속 오르진 않는다. 숨고르기 조정장이 온다.

4) 시장이 항상 합리적으로 움직이지는 않는다. 절대적 기회가 일년에 몇 번씩 온다.

5) 테마(Theme) 등으로 주가가 상승할 수 있다. 하지만 테마는 믿을 게 못 된다.

주식투자는 자산배분 관점에서 볼 때 고위험/고수익 투자이다. 따라서 주식투자는 자금을 안전하게 운용해야 하는 계층보다 여윳돈을 운용하거나, 손실보전 능력이 뛰어난 젊은 세대에게 더 적합하다. 젊은 세대에게 적합하다는 것이 지르는 투자를 의미하는 것은 아니다. 젊은 세대도 욕심을 버리고 투자기간, 투자대상, 목표수익률 및 손절매 수준 등에 대한 철저한 계획과 통제하에 주식투자를 해야 한다. 차입을 통해 투자하는 사람, 현금유동성이 부족한 사람은 더더욱 주식투자를 멀리하길 바란다. 이런 상황의 사람들은 빠르게 돌아가는 시장에 끌려가기 쉬워 투자에 실패할 확률이 높기 때문이다. 다시 말하지만 자산배분의 주식투자엔 일확천금은 없다. 철저한 계획과 통제에 따른 한정된 이익과 손실이 있을 뿐이다.

## ■ 주식투자와 행태투자론(Behavioral Finance)

통상 경제학이나 금융이론은 가격, 시장반응 등을 논리적으로 설명하려 한다. 그리고 투자자들이 투자상품의 기대수익률과 위험

을 비교하여 자신의 성향에 맞는 투자자산을 선택하는 등 합리적으로 행동한다고 가정한다. 그러나 실상 많은 사람들이 주식시장에서 비합리적으로 행동하곤 한다. 특히 우리나라 주식시장은 개인의 비중이 높기 때문에 이런 투자행태가 더 자주 발생한다. 최근 학계에서는 이런 비합리적 행동양식을 다루는 행태투자론(Behavioral Finance)이 새롭게 연구되고 있다. 이런 비합리적 행동도 하나의 투자패턴으로 인정하고 연구하는 것이다. 이후 글에서는 합리적 투자를 위한 비교 대상으로써 행태투자론에서 다루는 대표적인 비이성적 투자행동을 소개하기로 한다.

### ▶ 손실 기피(Loss Aversion)

손실 기피는 가장 대표적인 비이성적 투자행동으로 투자자가 위험 즉, 불확실성을 회피하는 것이 아니라 손실을 회피하는 행태이다. 합리적인 투자자라면 기타 조건이 동일한 상황에서 위험을 회피하지만, 현실에서는 많은 사람들이 위험을 회피하기보다 당장 눈앞에 보이는 손실을 회피하고 있다.

사례를 통해 구체적으로 살펴보도록 하자. A자산을 매도하면 100의 손실이 확정되고, 계속 보유하면 +500 및 −700의 수익형태가 주어진다고 가정하자. 대부분의 개인투자자들은 눈앞의 손실을 회피하기 위해 A자산을 계속 보유하게 된다. 지금 당장 매도하는 경우와 보유하는 경우 모두 기대값은 −100으로 동일하기 때문에 합리적인 투자자라면 당연히 불확실성이 없는 매도를 선택했어야 한다.

손실 기피는 손절매 타이밍과도 관계된다. 많은 사람들이 손절매

한도를 정해놓고도 실상 손절매 한도에 이르면 손실이 두려워 매도를 하지 못하곤 한다. 이로 인해 결국 반토막 주식을 보유하게 되는 것이다. 포트폴리오의 일부 종목을 손절매해야 할 경우도 마찬가지이다. 당연히 손절매 한도를 초과한 종목을 교체해야 하지만, 많은 사람들이 손실을 기피하여 이익이 난 종목을 처분하는 경향이 있다. 이런 행태는 수익기회의 상실과 과도한 손실로 이어질 수 있다. 기관투자자가 꾸준히 실적을 낼 수 있는 이유 중 하나가 손실을 기피하지 않고 기계적으로 손절매 등 내부원칙을 지키기 때문이다.

### ▶ 대표형(Representatives)

대표형이란 과거 경험 등에서 오는 친근감이다. 예전부터 귀에 익은 회사, 광고에서 더 자주 본 회사가 투자하기 좋은 기업이라 생각하는 오류이다. 기업의 내재가치 및 시장의 수급보다 개인의 기업에 대한 친밀도가 투자에 더 큰 영향을 미치는 것이다. 말이 되지 않는다 생각할 수 있지만 실제로 많은 사람들이 이렇게 투자를 하고 있다.

### ▶ 과도한 자신감(Over Confidence)

과도한 자신감이란 말 그대로 투자성공에 대한 과도한 낙관이다. 투자 시 긍정적인 마인드 자체는 중요하지만, 이것이 과도하게 되면 투자위험을 과소평가하게 되어 투자에 실패할 확률이 높아진다. 자신이 투자하는 종목의 기대수익률과 투자성공 확률을 높게 평가하여 투자금액을 쉽게 늘리고, 보유기간도 길게 가져간다. 또한 공격적 자산배분으로 포트폴리오 위험도 높이게 된다. 과유불급이란 말이

있듯이 투자에 있어서도 자신감이 과하면 만용이 되고, 이는 실패로 가는 지름길이 됨을 잊지 말아야 한다.

### ▶ 심리적 자산구분(Mental Accounting)

심리적 자산구분은 머리 속에 여러 투자계정을 설정해 놓고, 투자 기준을 각각 다르게 설정하여 관리하는 것을 말한다. 적금 등으로 적립하여 얻은 A계정, 주식투자 한방으로 얻은 목돈 B계정, 자녀 돌잔치로 모은 목돈 C계정이 있다고 하자. A계정 자금은 다시 은행 정기예금 아니면 저위험 자산에 투자된다. B계정의 목돈은 공돈과 같아 계속 주식, 파생상품 등 위험자산에 투자된다. 공돈이니 본전 생각이 없다. C계정 자금은 아이를 위해서 무엇을 할까 고민하다 은행의 보통예금에 일단 묶어 둔다. 이런 방식이 반드시 잘못됐다고 말할 수는 없지만, 투자의 효율성을 제고하기는 어렵다. A, C계정은 전체 자산의 수익성을 떨어뜨리고, B계정은 수익대비 위험을 높이게 되는데, 전체 관점에서의 통합적 관리가 되지 않는다. 효율적 투자는 포트폴리오 관점에서 위험 및 수익률 수준을 결정하고 각 종목의 투자수준을 결정해야 하는데, 심리적 자산구분은 이런 투자와 거리가 멀다. 쌈짓돈이라도 전체 베이스 관점에서 생각하고 다시 배분해야 한다. 자산이 정신 없이 따로 관리되면 그만큼 목표달성으로부터 멀어지게 된다.

## ■ 관리의 미학, 주식투자

주식투자가 어려운 것은 역설적으로 너무 쉽게 주식을 사고 팔 수 있기 때문이다. 오르면 사고 싶고 내리면 팔고 싶다. 기업의 내재가치와 별개로 심리적 영향이 주식투자 및 종목선택에 큰 영향을 미친다. 안타까운 사실은 대부분의 개인투자자들이 이런 심리적 시장에서 손실을 본다는 것이다. 기관투자자에 비해 투자정보가 부족한 면도 있지만, 이는 실패 원인의 일부일 뿐이다. 더 큰 문제는 관리의 부재이다. 대부분 나름의 투자원칙을 갖고 있지만, 실상 시장이 흔들리거나 수익률이 급변동하면 원칙이 무용지물이 될 때가 많다. 그러나 기관투자자의 경우는 정반대이다. 기관투자자들은 간단한 주식투자에 엄격한 투자규정을 설정하고 있다. 선택이 아니라 무조건 지켜야 하는 것이다. 베테랑 매니저들도 이 규칙에 따라 사고 판다. 그래서 큰 손실이 없다. 마찬가지로 개인투자자들도 원칙을 제대로 세우고 이를 철저히 지켜야 한다. 그래야 주식시장에서 살아남을 수 있다.

투자원칙은 핵심적인 항목을 포함해야 한다. 가장 중요한 항목은 투자금액에 대한 통제이다. 이는 주식투자의 금액을 절대적으로 통제하여 투자손실을 일정규모 이내로 제한시키자는 것이다. 많은 사람들이 소액으로 장난 삼아 주식투자를 시작했다가 투자금액이 점점 커져 손실 규모를 키우는 경우가 많다. 투자금액에 대한 명확한 기준을 설정하지 않아 발생하는 손실이다. 따라서 투자금액 기준을 설정하여 투자규모를 반드시 통제해야 한다.

둘째, 투자원칙은 투자종목에 대한 기준을 포함해야 한다. KOSPI

우량주 혹은 KOSPI200 종목, KOSPI 종목 및 증권사 추천의 코스
닥 종목 등 명확한 경계선이 있어야 한다. 투자를 하다 보면 어느 순
간 소위 '잡주'라 불리는 주식까지 투자를 하게 되는데, 스스로 경계
해야 할 상황이다.

셋째, 투자원칙은 매수/매도 시점에 대한 원칙을 포함해야 한다.
오르는 날엔 사지 않는다, 기술적 지표가 어떤 수준일 때 매수한다
등이다. 손절매 기준도 당연히 여기에 포함되어야 한다. 상기 항목을
반영한 투자원칙의 예시를 들면 다음과 같다.


1) 투자자금 전체한도 700만원, 종목한도 300만원, 주식과 현금
   의 비중 7:3 유지
2) 여윳돈 투자(차입투자 절대금지)
3) 투자종목 : KOSPI의 시가총액 200위 내 종목
4) 하루에 최대 3종목까지만 매수
5) 시장이 전체적으로 폭등하는 날은 매수하지 않음
6) 종목 수익률이 -20%를 초과하는 경우 손절매
7) 시장이 폭락하는 경우 손절매 한도가 이르지 않는 이상 투매하
   지 않기


주식시장은 오랜 기간 동안 많은 사람들이 참여해 온 시장이므로
참여자들의 공통된 경험에 기초한 투자격언들이 많이 있다. 투자관
리에 도움이 될만한 격언 몇 가지를 소개하면 다음과 같다.

▶ **주식투자에서 하지 말 것**

1) 주식거래 너무 자주 하지 마라! 손실뿐만 아니라 거래비용도 만만치 않다.
2) 시장에서 외면받는 주식은 사지 마라! 기다리다 지친다.
3) 투자금액을 급하게 늘리지 마라! 지금까지 얻은 이익 한방에 날아갈 수 있다.
4) 추격매수는 가급적 하지 마라! 사는 시점이 고점일 확률이 높다.
5) 잡주에 투자하지 마라! 개인투자자에겐 우량주 위주의 투자가 더 맞다.
6) 돈 빌려서 주식투자하지 마라! 주가 등락 지켜보다가 정신줄 놓게 된다.

▶ **주식투자에서 할 것**

1) 공포를 사라! 당일 날은 공포지만 후에는 큰 수익이 된다.
2) 일정 수준의 현금을 보유해라! 하락장에서는 수익률이 더 높을 수 있고, 공포장에서는 매수자금이 된다.
3) 일정 수준의 위험감수는 필요하다! 위험 없는 주식투자 수익은 기대하기 힘들다.
4) 손절매 반드시 지켜라! 철저한 손절매 원칙을 지키면 반토막나는 일은 없다.
5) 주가의 최저점과 최고점 찾으려 힘 빼지 말고 적당히 내려오면 사고 오르면 팔아라! 진정한 최저점과 최고점은 아무도 모른다.

투자기간 관리도 주식투자에 있어 중요한 부분이다. 주식투자와 관련된 많은 책과 개인의 성공담에서 장기투자의 필요성을 얘기하곤 한다. 그러나 장기적으로 오르는 종목이 있는가 하면 내려가는 종목도 있기 때문에 장기투자가 반드시 최선이라고 말하긴 어렵다. 단기적 잦은 매매는 지양해야 하지만, 이것이 장기투자의 동기가 될 수는 없다. 적정기간 보유하고 이익이 발생한 종목은 더 보유할지, 아니면 이익을 실현할지 판단하는 게 옳다. 역사적으로 볼 때 세계경제 흐름에 따라 주식시장도 함께 요동쳐 왔다. 또한 세계경제의 급격한 패러다임 변화로 기업의 장기생존과 수익성도 불확실해지고 있다. 이런 상황에서 무조건적인 장기투자는 기회비용을 높일 수 있다. 적당한 시점에서의 보유여부 판단은 주식투자관리로써 중요한 항목이다.

## ■ 기본적 분석 vs 기술적 분석

주식시장의 오랜 역사만큼이나 주식투자와 관련된 많은 분석방법들이 개발되어 왔다. 주식을 분석하는 사람들에게도 연구원이란 호칭을 부여할 정도로 주식분석에 대한 산업 및 학문적 의미도 커지고 있다. 개인투자자들도 이런 분위기를 무시할 수는 없다. 주식시장 및 종목을 스스로 분석할 때와 기본개념을 바탕으로 연구원들의 리포트를 활용할 때의 분석효과 차이는 생각보다 더 크기 때문이다.

주식분석의 방법은 크게 기본적 분석(fundamental analysis)과 기술적 분석(technical analysis)으로 구분할 수 있다.

[표 6-1] 기본적 분석과 기술적 분석 비교

| 구분 | 기본적 분석 | 기술적 분석 |
| --- | --- | --- |
| 분석의 대상 | 주식의 내재가치 분석 | 주가 움직임의 패턴 분석 |
| 핵심원리 | 가치주는 언젠가 오른다 | 주가 패턴은 반복된다 |
| 투자과정 | i) 내재가치 분석<br>ii) 내재가치와 현주가 비교<br>iii) 저평가 시 매수, 고평가 시 매도하여 이익 실현 | i) 시세 및 투자타이밍 분석<br>ii) 저점매수/고점매도 반복 |
| 분석 도구 | PER(주가이익비율)<br>PBR(주가순자산비율)<br>기타 밸류에이션 지표 | 캔들, 이동평균선, 저항선 및 지지선, 거래량 등 기술적 지표 |

기본적 분석은 기업의 내재가치를 분석하는 것이다. 경제와 산업 상황을 바탕으로 기업의 재무제표, 영업이익 등을 분석하여 기업의 실질가치를 추정한다. 주가가 기업의 내재가치보다 낮으면 저평가 상태로 보고, 반대로 주가가 내재가치보다 높으면 고평가 상태로 판단한다. 기본적 분석의 대표적 판단지표로는 PER(주가이익비율), PBR(주가순자산비율) 등이 있다.

PER은 주가를 1주당 순이익으로 나눠 산출한다. PER을 통해 주가의 고저평가 여부를 판단하는 방법은 크게 두 가지이다. 하나는 내재가치를 반영하여 추정한 PER과 현 주가를 반영한 PER를 비교하는 방법이다. 내재가치 PER이 현주가 PER보다 더 크면 저평가 상태이므로 매수로 대응한다. 반대로 내재가치 PER이 더 작으면 매도로

대응한다. 다른 하나는 업종평균 PER과 종목 PER을 비교하는 것이다. 업종평균 PER이 종목 PER보다 더 크면 해당 종목이 업종평균에 비해 저평가된 상태이므로 매수로 대응할 여지가 있다. 반대로 업종평균 PER이 더 작으면 해당 종목이 고평가된 상태이므로 매도하는 것이 좋다. PER은 정상시장에서의 참고사항이지 절대적 판단지표는 아니다. 성장성이 뚜렷한 기업은 높은 PER에도 불구하고 주가가 계속 상승하고, 낮은 PER 상태의 종목이라도 주도세력의 관심밖에 있으면 주가가 오르지 못하는 경향이 있다.

주가를 1주당 순자산가치(자기자본)로 나눠 산출하는 PBR은 주가 폭락 등 위기상황에서 매수종목을 선별하는데 주로 사용된다. 순자산가치는 곧, 청산가치이기 때문에 PBR이 1보다 작다는 것은 현 주가가 기업청산 시 주가보다 낮다는 것 즉, 절대적 저평가 상태임을 의미한다. 금융위기 등 폭락장에서는 우량주의 PBR이 1보다 작아지는 경우가 종종 발생했는데, 이런 경우 매수세가 이어지곤 했다.

기술적 분석은 주가의 움직임 자체를 분석하는 것이다. 주가는 기업의 역량뿐만 아니라 투자자의 심리 즉, 수급에 의해서도 결정된다. 기술적 분석은 수급에 영향을 받는 주가의 움직임을 분석하여 공식화하는 방법이다. 이 분석은 싸게 사서 비싸게 파는 것이 주전략이므로 데이트레이딩, 프로그램 매매 등에 주로 사용된다. 기술적 분석을 하는데 있어 가장 기본적인 분석지표는 이동평균선과 캔들이다. 이동평균선과 캔들을 간단히 설명한 후 기술적 분석에 기반한 주식투자 길라잡이를 소개하기로 한다.

1) 이동평균선 : 과거 일정 기간의 주가를 평균하여 연결한 선으로 평균기간에 따라 5일, 20일, 60일, 120일선으로 분류된다.

2) 캔들 : 하루의 주가움직임을 바(bar) 모양의 형태로 나타낸 지표이다. 상하 실선은 장중 최고 및 최저가를 의미한다. 시가에 비해 종가가 더 높은(낮은) 날은 붉은색(파란색)으로 표시되며, 이때 상단은 종가(시가), 하단은 시가(종가)를 의미한다.

[그림 6-1] 이동평균선과 캔들

※ 출처 : 삼성증권 HTS

▶ **주요 기술적 분석 투자가이드**

1) 캔들의 크기가 클수록 거래에너지가 센 종목이다. 상승이든 하락이든 주의가 필요하다.

2) 주가가 저항선 등을 돌파할 때는 큰 양봉(붉은색 캔들)이 발생

한다.

3) 주가가 바닥일 때 거래량의 증가는 에너지가 집중되는 것으로 상승 신호이고, 주가가 고점일 때 거래량의 증가는 하락 신호로 주요 보유자들의 매도와 관계가 있다.

4) 이동평균선 중 5일선은 단기적 추세를 나타내기 때문에 단기투자의 방향전환에 이용된다. 가령 주가가 상승하다 5일선 밑으로 내려가면 매도, 하락하다 5일선 위로 올라가면 매수한다. 120일선은 시장의 장기적인 추세선이다. 120일선이 상승형이면 시장의 상승세, 하락형이면 시장의 하락세로 판단한다.

5) 장기적 정체 후 단기 이동평균선이 장기 이동평균선을 상승 돌파하면서 각 이동평균선이 결집할 때가 있다. 이때는 에너지가 집중되는 시기로 이후 상승랠리가 이어질 가능성이 높으므로 가장 좋은 매수타이밍이다. 반대로 단기선이 장기선을 하향 돌파하면서 이동평균선이 결집할 때는 하락추세의 시점이다. 투자를 자제해야 한다.

6) 보통 전 고점은 상승의 저항선, 전 저점은 하락의 지지선 역할을 한다. 저항선(지지선)을 돌파할 때 상승(하락) 랠리가 이어진다.

7) 주가하락의 기울기가 크면(작으면) 이후 상승의 기울기도 크다(작다).

기술적 분석은 과거의 주가패턴이 미래에도 반복된다는 것을 전제로 하기 때문에 상황에 따라서는 분석과 다른 패턴으로 주가가 움직일 수 있다. 케이블 및 인터넷 증권방송에서 몇몇 차트분석가들이 확

정적으로 주가흐름을 설명하기도 하고, 개인만의 분석방법이 난무하기도 한다. 과유불급이라 했던가? 참고하기에 좋은 방법도 지나치면 본질을 흐리게 할 수 있다. 이런 부분은 기술적 분석을 활용하는데 있어 투자자가 특히 주의해야 할 부분이다.

## ■ 자산배분의 펀드투자

외환위기로 주춤하던 주식시장에 2000년 이후 새로운 봄바람이 불었다. 이른바 간접투자증권 즉, 펀드 열풍이다. H투신의 바이코리아펀드, M운용의 주식형펀드들이 바람의 중심이 되면서 많은 사람들이 펀드투자를 통해 큰 투자수익을 거뒀다. 최근 펀드투자 열기가 다소 식었지만 펀드는 여전히 개인들의 주력 투자상품이다. 펀드는 투자상품으로써 여러 매력요소를 갖고 있지만 자산배분 관점에서 특히 더 중요한 장점을 갖고 있다.

자산배분 관점에서 펀드투자의 가장 큰 장점은 펀드투자를 통해 주식시장 등 위험시장에 간접적으로 참여할 수 있다는데 있다. 주식과 같은 고위험/고수익 자산에 투자하고 싶지만, 전문적 지식이 모자라서 혹은 심리적 부담이 커서 직접투자를 꺼리는 사람들이 많이 있

다. 펀드가 일반화되기 전에 이런 사람들이 선택할 수 있는 건 오직 예금과 부동산투자였지만, 펀드가 대중화되면서 이들이 주식시장에 참여할 수 있는 길이 열리게 되었다. 물론 직접투자 수익률이 간접투자 수익률에 비해 높을 수도 있고, 상대적으로 높은 펀드수수료 비용이 부담일 수도 있다. 그러나 중요한 건 수수료 등 일정 비용을 지불하면 큰 신경 안 쓰고 전문가의 손을 빌려 위험시장의 수익 성과를 취할 수 있다는 점이다. 자산배분 측면에서 이런 간접도구가 존재하는 것과 존재하지 않는 것은 하늘과 땅 차이만큼 크다.

펀드투자의 또 다른 장점은 위험자산에 대한 높은 접근성이다. 국내주식과 같이 개인들이 접근하기 쉬운 투자자산도 있지만, 개인들이 접근하기 힘든 위험자산들도 많이 있다. 인도, 동유럽, 남미와 같은 해외주식, 석유, 구리와 같은 원자재, 옥수수, 밀과 같은 농산물 등은 펀드투자에서는 익숙한 투자자산이지만, 개인들이 직접 투자하기는 쉽지 않은 자산들이다. 펀드는 개인들이 접근하기 어려운 자산들에 대해 기관투자자의 자격으로 접근할 수 있게 한다. 또한 펀드의 규모가 커질수록 각 투자 분야에 대한 전문펀드매니저를 고용할 수 있고, 리서치 수준 역시 높일 수 있어 규모의 경제효과도 누릴 수 있게 한다. 이것이 개인의 직접투자와 비교되는 펀드의 진정한 강점이다.

펀드의 분산효과 역시 자산배분 측면의 장점이라 할 수 있다. 공모펀드는 기본적으로 간접투자자산이기 때문에 법적으로 개별종목 집중이 제한되어 있다. 법적인 측면을 떠나 펀드의 수익성과 안정성을 위해 펀드매니저들은 분산효과를 추구한다. 대다수 펀드투자자들은

급등락장에서 개별주식에 비해 펀드가치의 움직임이 상대적으로 작다는 것을 느꼈을 것이다. 아래 사례는 펀드의 이런 분산효과를 잘 보여주고 있다. 펀드는 한국증시의 업종별 대표종목인 삼성전자, 현대차, LG화학, 신한지주, 삼성화재로 구성되고, 편입비율은 금액 기준으로 동일하다고 가정하였다. 그림 6-2는 2010년 초 동일금액을 펀드에 투자하는 경우와 펀드를 구성하는 각 종목에 직접투자하는 경우의 주가(기준가) 변동을 2년간 비교한 것이다. 펀드 및 개별종목의 주가는 투자 당시 주가를 100으로 환산하여 적용하였다.

[그림 6-2] 개별주식 및 펀드의 가격 추이

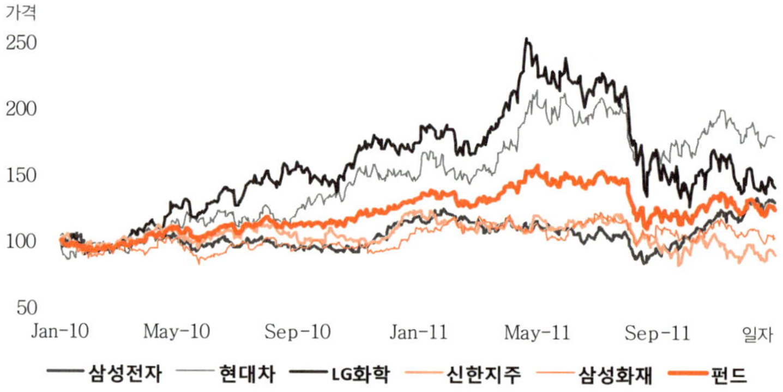

※ 주가 출처 : 한국거래소 주식 종목 정보

그림 6-2의 실선은 각 투자 경우의 주가(기준가) 추이를 나타내고 있다. 펀드의 성과는 투자기간 동안 중간수준을 유지하고 있으며, 가격의 변동성은 최저수준임을 시각적으로 알 수 있다. 이것을 구체적 수치로 나타내면 표 6-2와 같다.

[표 6-2] 개별주식 및 펀드의 투자성과와 변동성

| 구분 | 삼성전자 | 현대차 | LG화학 | 신한지주 | 삼성화재 | 펀드 |
|---|---|---|---|---|---|---|
| 수익률(연) | 15% | 39% | 21% | −4% | 2% | 13% |
| 변동성(연) | 30% | 40% | 44% | 34% | 30% | 27% |

※ 펀드수익률은 펀드보수(연 1.5%)를 반영

표 6-2에서 나타난 펀드의 성과(수익률)는 연 13%로 현대차, LG화학, 삼성전자에 이어 네 번째 수준이다. 반면, 가격의 변동위험을 나타내는 변동성은 연 27%로 최저수준이다. 본 결과는 펀드투자 시 가치의 움직임을 최소화하면서 평균수준의 투자성과가 가능함을 잘 보여주고 있다. 이것이 바로 펀드가 제공하는 분산효과이다. 적극적 거래 이익을 추구하는 투자자가 아니라면 개별종목이 아닌 펀드로 주식시장에 참여하여 주식시장 성과와 분산효과를 동시에 취하는 것이 자산배분 관점에서 유리함을 다시 한번 강조하고 싶다.

## ■ 펀드란 무엇인가

펀드가 대중화된 이후 많은 사람들이 펀드에 투자하고 있지만, 정작 펀드가 무엇인지 알지 못하는 경우가 많다. 이후 글에서는 펀드와 관련된 기본지식을 간단히 설명하고자 한다.

### ▶ 펀드란?

펀드는 자산운용사가 다수의 투자자로부터 자금을 모아 주식 및

채권, 실물자산 등에 투자한 후 수익을 배분하는 금융상품이다. 펀드와 관련된 회사로는 자산운용을 지시하는 운용사, 펀드평가 및 회계처리 등을 담당하는 사무관리회사, 펀드자산의 보관 및 관리, 투자집행 등을 담당하는 수탁회사, 그리고 판매를 담당하는 판매사가 있다. 관련 회사가 많은 이유는 고객자금을 운용하는 간접투자기구인 만큼 관리기능을 강화하여 투자자산의 안정성을 높이기 위함이다.

### ▶ 펀드의 구분

펀드는 기준에 따라 다양하게 분류할 수 있다. 법적 실체를 기준으로 펀드자체가 회사인 뮤추얼펀드와 단순 투자도구인 일반펀드로 구분하고, 운용대상에 따라 주식형, 채권형, 혼합형, 실물투자형 펀드로 분류한다. 주식형은 주식의 편입비율에 따라 안정형, 안정성장형, 성장형, 파생상품형으로, 스타일에 따라 대형주형, 중형주형, 소형주형, 배당주형으로 세분할 수 있다. 국내자산에 투자하면 국내펀드, 해외자산에 투자하면 해외펀드로 분류하는데, 국내자산에 투자하기 위해 해외에서 펀드가 설립되면 역외펀드로 분류한다. 투자자 수에 따라 투자자가 49인 이하로 제한되는 사모펀드(PEF: Private Equity Fund)와 공모펀드로 구분하며, 현물자산이 아닌 펀드에 투자할 경우 재간접펀드(Fund of Funds)로 분류한다.

### ▶ 펀드비용

펀드비용에는 보수와 수수료가 있다. 보수는 펀드의 운영비용으로

연 기준의 % 단위로 표시되며, 매일 해당 보수(=펀드의 총자산가치
×총보수율/365)를 차감한 후 기준가격을 산출한다. 총보수는 운용
회사에 지급하는 운용보수, 판매회사에 지급하는 판매보수, 사무관
리회사와 수탁회사에 지급하는 기타보수로 구성된다. 수수료는 판매
수수료와 환매수수료로 세분된다. 판매수수료는 판매회사가 수취하
는 일시적 비용으로 선취 및 후취 형태가 있다. 펀드명을 보면 Class
A(B, C, D) 문구를 확인할 수 있는데 A~D가 수수료 구조를 의미한
다. A는 선취구조, B는 후취구조, C는 선취 및 후취수수료가 모두
없는 구조, D는 선취 및 후취수수료를 모두 받는 구조이다. 환매수
수료는 장기투자를 유도하기 위해 수취하는 것으로 수취 유무와 형
태는 펀드에 따라 다르다. 환매수수료를 적용하는 대부분의 경우 매
수 후 3개월 전에 환매 시 이익금의 일정 부분을 환매수수료로 차감
한다.

### ▶ 펀드기준가

펀드기준가는 펀드 1좌(펀드의 거래단위)당 가격으로 매일 금융투
자협회 및 각 판매회사 홈페이지 등에서 고시된다. 당일의 펀드기준
가는 전일 장종료 시점의 가치를 반영하고 있는데, 기준가를 산출하
기 위해서는 우선 펀드의 순자산가치(NAV : Net Asset Value)를 산
출해야 한다. 순자산가치는 펀드 내 자산을 평가하여 얻은 총자산가
치에서 펀드보수를 차감하여 산출한다. 순자산가치가 산출되면 이를
펀드의 총설정좌수로 나누어 펀드기준가를 산출하게 된다. 각 투자자
의 펀드가치는 기준가에 보유 좌수를 곱하여 산출한다.

### ▶ 펀드의 매매시간

펀드는 주식거래와 달리 매매신청 후 바로 거래가 되지 않는다. 보통 기준시간(국내 3시, 해외 5시)전에 펀드매수를 신청할 경우 국내펀드는 T(거래신청일)+1일에 T+1일 기준가로 매수되고, 해외펀드는 T+2일에 T+2일 기준가로 매수된다. 기준시간 이후 매수신청 시 국내 및 해외펀드 모두 1일이 추가 소요된다. 환매의 경우 기준시간 전 환매신청 시 대부분의 국내펀드는 T+1일 기준가를 적용하여 T+3일에 환매금액 지급이 이루어진다. 해외펀드는 대부분의 경우 T+3일 기준가에 T+7일 환매금액 지급이 이루어진다. 기준시간 이후 신청은 국내외펀드 각각 하루씩 더해진다. 상기에서 언급한 추가 날짜의 기준은 모두 영업일이기 때문에 연휴 등 휴일의 포함 여부에 따라 실제 거래일 및 환매지급일이 달라질 수 있다.

### ▶ 펀드의 위험지표

많은 펀드투자자들이 펀드 선택 시 스타일과 수익률은 중요하게 생각하나, 위험지표는상대적으로 간과를 하는 경우가 많다. 대부분 위험지표의 의미를 제대로 이해하지 못하기 때문이다. 그러나 펀드의 위험지표는 알고 보면 매우 쉽고 유용하다. 가장 일반적인 펀드의 위험지표로 표준편차를 생각할 수 있는데, 표준편차는 앞부분에서 언급한 것처럼 기대수익률로부터의 괴리도를 의미한다. 따라서 표준편차가 크다는 것은 실제 수익률 결과의 변동이 크다는 것이지 손실확률이 크다는 의미는 아니다. 보통 주식형펀드의 경우 표준편차가 큰 반면, 채권형펀드의 경우 상대적으로 작은 편이다. 기대수익률과 위

험을 동시 비교한 지표로 샤프비율(Sharp Ratio)이 있다. 샤프비율은 [(기대수익률−무위험이자율)/표준편차] 수식으로 산출되며, 샤프비율이 높을수록 위험 대비 성과가 좋은 펀드라고 할 수 있다. 펀드와 시장성과를 비교하는 지표로는 베타($\beta$)가 있다. 베타는 시장수익률에 대한 펀드수익률의 민감도로 정의된다. 펀드의 베타가 1보다 크면 펀드수익률이 시장수익률보다 더 크게 움직이고, 1보다 작으면 시장보다 더 작게 움직임을 의미한다.

### ▶ 펀드이동제

2010년 1월 펀드이동제 시행으로 고객이 펀드관리회사를 변경할 수 있게 되었다. 쉽게 말해 A증권사에서 펀드를 매수한 후 B증권사로 관리회사를 바꿀 수 있다는 것이다. 펀드이동제의 중요한 시사점은 업계의 자산관리서비스 질을 높일 수 있는 계기가 된다는 점이다. 하지만 이것은 희망사항이었다. 시행 3년이 지난 지금 판매사의 관심 부족과 시스템 미비 등으로 제도 자체가 유명무실해지고 있다. 펀드이동제 활성화를 위해 추가적인 대책이 필요한 상황이다.

### ▶ 해외펀드와 환헤지

해외펀드는 원화표시펀드와 달러표시펀드로 분류된다. 원화표시 해외펀드는 원화로 투자를 하게 되며, 환위험 관리는 펀드운용회사가 직접 담당한다. 따라서 고시되는 원화표시 펀드의 기준가는 편입자산의 운용 성과와 환관리 성과가 동시에 반영된 것이다. 달러표시펀드는 달러로 거래가 되기 때문에 달러로 환전해서 매수를 해야 하

고, 환매 시에는 다시 원화로 환전해야 한다. 따라서 투자자는 원달러 환위험에 직접적으로 노출된다. 달러가치가 하락하면 펀드가치가 하락하고, 반대로 상승하면 펀드가치가 상승하게 되는 것이다. 이런 위험을 방지하기 위해 미래시점에 달러를 매도하는 계약을 맺을 수도 있는데, 이것이 달러에 대한 선물환 매도계약이다. 그러나 선물환 매도계약은 펀드에 있어서는 완전한 방법은 아니다. 아니 오히려 독이 될 수도 있다. 펀드의 달러 기준가는 편입자산 성과에 따라 달라지는 반면, 선물환계약의 명목금액은 고정되어 있기 때문이다. 펀드기준가가 낮아지고 달러가치가 높아지면 펀드와 선물환계약에서 동시 손실이 발생하여 손실 폭이 커질 수 있다.

2008년 금융위기 때 이와 같은 상황이 발생하였다. 사례로 상황을 재현해보자. 환돌이는 해외펀드에 천만원을 투자하기로 하였다. 당시 환율은 달러당 1,000원, 환돌이는 환전된 10,000달러로 펀드를 매수하였다. 그리고 판매회사 권유에 따라 1년 후 10,000달러를 950원에 매도하는 선물환 매도계약을 체결하였다. 당시는 환율하락이 예상되는 시기였으므로 대부분의 투자자들이 선물환 매도계약을 체결하였다.

1년 후 전세계적인 금융위기로 펀드가치는 4,000달러 수준으로 하락하였고, 환율은 1,500원까지 치솟아 950원에 달러를 매도하는 선물환계약에서도 평가손실이 발생하였다. 선물환 손실이 펀드가치의 90% 수준에 이르자 펀드판매회사는 투자자에게 펀드자금을 더 넣거나 펀드를 환매하라고 통지하였고, 환돌이는 결국 환매를 선택하였다. 이에 대한 정산결과는 다음과 같다. 펀드가치는 4,000(달러) ×

1,500 = 6,000,000(원)이다. 그리고 선물환계약의 정산을 위해 시중에서 1,500원에 달러를 사서 약속된 950원에 매도했으니 1달러당 550원의 손실이 발생하였다. 즉, 선물환 매도계약에서 550(원)×10,000 = 5,500,000(원)의 손실이 발생하였다. 환돌이는 결과적으로 펀드가치 600만원에서 선물환 손실 550만원을 정산한 후 50만원을 수령하였다. 선물환 매도계약을 체결하지 않은 경우 펀드수령액은 600만원이므로 선물환 매도가 오히려 손실을 키운 것이다.

이렇게 자세히 설명하는 이유는 선물환 매도계약의 이해를 돕기 위해서이다. 달러표시 펀드에 투자할 때 선물환 매도는 환율의 헤지라기보다 환율 하락에 대한 또 다른 투자로 보는 것이 타당하다. 따라서 환율에 대한 확신이 서지 않을 때는 환헤지를 하지 않거나, 원화표시 펀드에 투자하는 것이 현명한 방법인 것이다.

## ■ 펀드투자, 적립식이 답이다

은행의 정기예금 및 적금과 같이 펀드도 거치식과 적립식으로 투자할 수 있다. 거치식이란 처음에 목돈을 투자하고 이익이 발생할 때까지 기다리는 방식이고, 적립식은 일정금액을 분할하여 투자하는 방식이다. 성과 측면에서 어느 방식이 더 뛰어나다고 단언하긴 어렵다. 그러나 어느 방식이 개인투자자에게 더 적합한지는 말할 수 있다. 바로 적립식투자이다. 적립식투자가 개인들에게 더 적합한 이유는 다음과 같다.

첫째, 적립식투자는 투자결정의 오류 가능성과 에너지 소모를 줄여

준다. 펀드투자의 성과는 다른 투자와 마찬가지로 낮은 가격에 사서 높은 가격에 팔수록 좋아진다. 그러기 위해서는 매매타이밍을 잘 잡아야 하는데, 이게 쉬운 일이 아니다. 매도타이밍은 목표 수준이 성취되면 팔 수 있기 때문에 그나마 쉬운 편이다. 반면, 매수타이밍은 의사결정하기가 정말 어렵다. 거치식은 한두 번의 매수로 투자성공 요인의 50% 이상이 결정되기 때문에 부담도 만만치 않고 오류위험도 크다. 반면, 적립식은 매수타이밍을 분산하여 매수가격을 과거가격의 평균에 수렴시킴으로써 오류의 위험과 매수 부담을 줄여준다. 남은 부담은 성과가 나올 때까지 기다리는 일인데, 대부분의 적립식투자가 목돈 마련을 위한 장기투자이기 때문에 부담이 상대적으로 작은 편이다. 한마디로 적립식 펀드투자는 큰 부담 없이 주식 등 위험상품으로 목돈을 마련할 수 있게 하는 좋은 투자방법이다.

둘째, 적립식투자의 성과 역시 나쁘지 않다는 점이다. 펀드의 성과는 편입자산의 가격이 매입수준보다 높아지면 좋아지기 마련이다. 적립식투자는 주가가 하락하는 시기에서도 꾸준히 투자하기 때문에 시장이 상승세로 전환되면 투자성과가 빠르게 회복되는 특성이 있다. 어려운 시기를 매수로 대응하면서 인내하면 주가상승과 함께 좋은 결과를 얻는 고진감래 공식이 성립되는 것이다. 이것은 목돈 마련을 위한 장기투자에 매우 적합한 속성이다. 목돈 마련은 중도과정보다는 목표금액에 초점을 맞추기 때문에 적립식투자는 이런 투자자의 기대에 정확히 부합한다.

적립식투자의 이런 성과 특성은 과거상황을 반영한 사례를 통해 확인해 볼 수 있다. 그림 6-3은 2000년 1월 이후 종합주가지수 추이와

각 주가상황별 투자시점을 나타내고 있다. 2000년 1월을 주가보합의 시작, 2003년 1월을 장기상승의 시작, 2008년 1월을 주가하락의 시작으로 보고 각 상황에서 적립식투자를 시작한 것으로 가정하였다. 이에 대한 결과가 그림 6-4이다. 그림의 실선은 적립식투자의 누적수익률(펀드보수 연 1.5% 반영)을 나타낸다. 결과를 보면 보합, 상승, 하락 어느 시기에 투자를 시작해도 대부분의 기간에서 플러스(+) 수익률 달성이 가능함을 알 수 있다. 그리고 앞서 언급한 것처럼 하락기 이후 상승기에서 수익률의 회복속도가 빠름을 확인할 수 있다.

[그림 6-3] 종합주가지수 추이

※ 자료 출처 : 한국거래소 지수(국내) 정보

  셋째, 물타기전략을 잘 활용하면 적립식투자의 성과를 배가시킬 수 있다. 물타기란 개인투자자들이 사용하는 비공식적인 용어로 주식투자 손실이 발생했을 때 해당 주식을 추가적으로 매수하여 손실률을 축소하는 방법이다. 주가가 10인 주식을 100만큼 투자했을 때 주가가 8로 하락하면 수익률은 −20%이다. 이때 8의 가격으로 100만큼 추가투자를 하면 수익률은 −10%로 개선된다. 수익률 개선효과는 손실이 일정한 상태에서 투자원금이 증가하여 발생하는 현상이다. 물타기는 개인투자자들이 실제 손절매 대신 많이 사용하고 있으나, 결과적으로 손실규모를 키우는 원인이 되기도 한다. 이에 반해 장기투자를 기본으로 하는 적립식투자에서는 물타기전략이 효율적으로 사용될 수 있다.

  보통 적립식투자는 매월 일정한 날에 투자를 하게 되므로 투자시점 당시 시장상황이 좋지 않으면 상대적으로 저가에 펀드를 매수하

게 되고, 투자시점 당시 시장상황이 좋으면 고가에 매수하게 된다. 이렇게 기계적인 투자만 한다면 투자시점의 가격상태는 운에 맡길 수밖에 없다. 한편, 적립식투자에 있어서 수익률이 좋지 않을 때는 기분이 나빠야 할 때가 아니라 역으로 웃으면서 투자를 해야 할 때이다. 낮은 가격에 매입을 하여 전체적인 평균 매입단가를 낮출 수 있기 때문이다. 장기간 적립식투자를 하다 보면 몇 번의 급락장이 찾아온다. 이때 정기투자 이외 추가투자를 한다면 이 투자는 시장이 반등할 때 수익률을 높이는 일등 효자가 될 것이다. 물타기전략이 장기 적립식투자에서 효과적으로 활용되는 것이다.

사례를 통해 적립식+물타기 전략의 효과를 살펴보자. 적립식투자의 기본구조는 1999년 12월부터 매월말 정기투자를 하는 것으로 가정한다. 고정적립식은 매월말 기본금액을 투자하는 구조이고, 2배적립식은 매월 투자시점에서 누적수익률이 마이너스(–)인 경우 기본금액의 2배를 투자하는 것이다. 5배적립식은 역시 수익률이 마이너스(–)인 상태에서 기본금액의 5배를 투자하는 방식이다. 투자시점에서 수익률이 플러스(+)인 경우 세 방식 모두 기본금액만을 투자한다. 이에 대한 투자결과가 그림 6-5이다. 그림에서 알 수 있듯이 누적수익률(판매보수 연 1.5% 반영)은 고정적립식 〈 2배적립식 〈 5배적립식 순으로 높음을 확인할 수 있다. 이는 물타기를 많이 할수록 수익률 개선효과가 커짐을 의미한다.

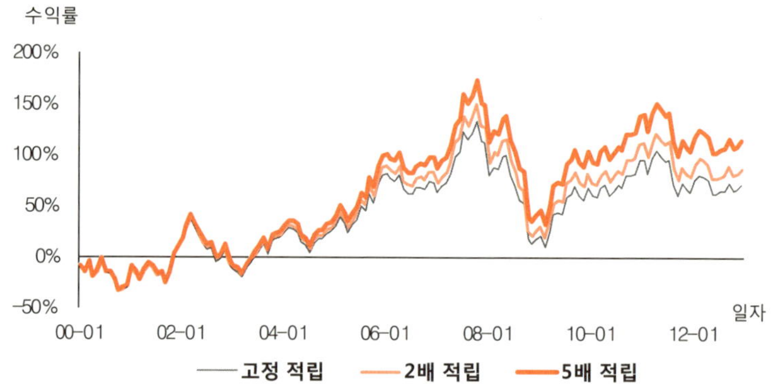


[그림 6-5] 적립식+물타기 전략의 성과(수익률) 추이

그렇다면 적립식+물타기 전략의 문제점은 없을까? 이에 대한 대답은 그림 6-6에서 확인할 수 있다. 그림 6-6은 상기 사례의 결과를 수익(금액) 관점에서 살펴본 것이다. 결과를 보면 물타기를 많이 할수록 이익수준이 확연히 높아짐을 알 수 있다. 여기까지는 긍정적인 부분이다. 부정적인 면은 손실구간을 확대한 그래프에서 찾아볼 수 있다. 물타기를 많이 한 전략은 손실구간에서 이익폭도 크지만 손실폭도 크다. 손익의 변동폭이 커진다는 것은 곧 위험이 증가한다는 것이므로 분명 물타기전략은 위험을 증가시키고 있다. 그러므로 적립식+물타기 투자는 고위험/고수익 투자방식이 되는 것이다.

이에 대한 해결책은 변동위험을 통제범위 내로 한정시키는 것이다. 적립식+물타기 전략에 있어서 이것은 매우 중요하다. 손실이 발생했다고 해서 투자금액을 무한정 늘리는 물타기전략은 곤란하다. 사전에 물타기를 실행할 수익률 조건, 추가 투자금액 및 횟수를 정해 놓고 이를 철저하게 지켜야 한다. 개인마다 다양한 투자조건을 설정할

수 있겠지만, 상기 예와 같이 매월 적립시점에 수익률이 마이너스(−)
인 경우 기본적립금의 2배를 투자하는 방식을 권한다. 이렇게 하면
수익변동폭의 확대 위험을 어느 정도 통제하면서 수익확대 효과를
기대할 수 있다.

[그림 6-6] 적립식+물타기 전략의 성과(금액) 추이

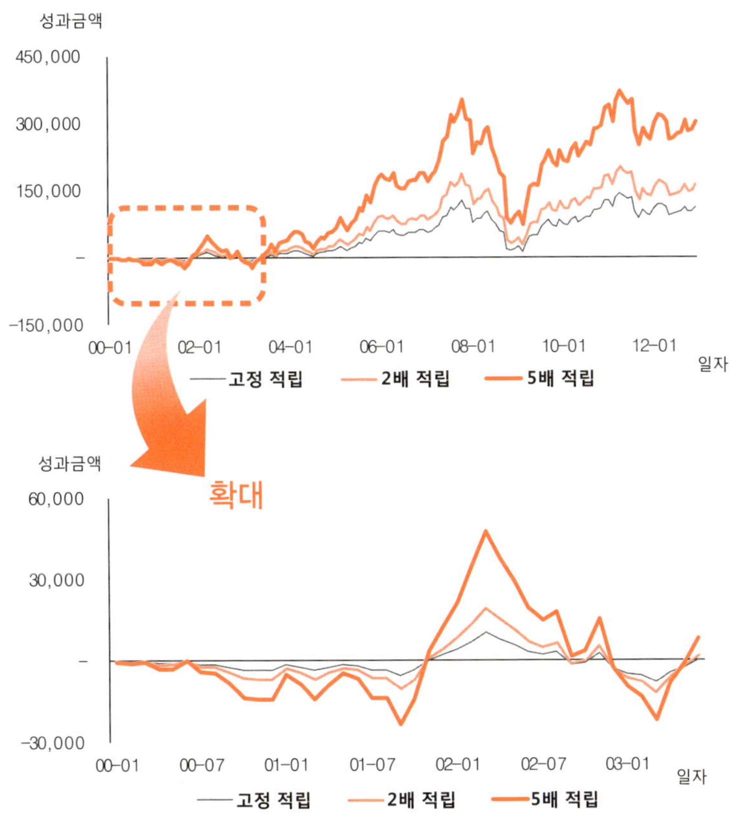

## ■ 주식처럼 거래하는 ETF

증권사 HTS(Home Trading System)나 인터넷 등에서 주식종목을 검색하다 보면 ○○KOSPI200, △△국고채 등의 이름을 가진 색다른 종목을 발견할 수 있다. 이들 종목은 상장지수펀드라 불리는 ETF(Exchange Traded Fund)인데, 인덱스(지수)를 추종하는 펀드를 거래소에 상장시켜 일반주식처럼 거래할 수 있게 만든 펀드이다. 여기서 말하는 지수란 일반적인 종합주가지수 혹은 KOSPI200뿐만 아니라 지수화할 수 있는 모든 것을 의미한다. 국고채지수, 반도체주식지수, 철강주식지수, 금가격지수 등 그 대상은 무한하다.

ETF는 펀드이기 때문에 지정판매회사(AP:Authorized Participant)가 투자자로부터 펀드의 설정 및 환매를 받게 되고, 운용사는 동 자금을 바탕으로 지수를 구성하는 자산에 투자하게 된다. 설정된 펀드는 거래소에 상장되어 주식처럼 매매될 수 있다. 상장주식의 주가가 수급 등의 이유로 본질적 가치와 괴리될 수 있는 것처럼 ETF가격 역시 펀드의 기준가치와 괴리될 수 있다. 펀드의 순자산가치는 높으나 거래량이 많지 않아 ETF주가가 떨어질 수도 있는 것이다. 이를 방지하기 위해 LP(Limited Participant)제도를 두고 있다. LP는 ETF 주가가 순자산가치보다 낮으면 매수하고, 높으면 매도하는 방식으로 ETF의 유동성을 공급하여 가격의 안정성을 높이고 있다.

ETF는 주식처럼 쉽게 거래되는 펀드이기 때문에 주식과 펀드의 장점을 모두 갖고 있다. 일반펀드와 비교할 때 가장 큰 장점은 실시간

으로 거래할 수 있다는 점이다. 일반펀드는 1~2일 후 기준가가 적용되기 때문에 투자 당시 매입단가를 알 수 없지만, ETF는 주식처럼 매수시점 가격이 매입단가가 되기 때문에 투자결정이 용이하다. 일반펀드에 비해 보수가 싼 점도 ETF의 장점이다. ETF는 보통 주식상장을 전제로 설정되기 때문에 운용보수가 낮은 편이다. 일반펀드의 총 보수가 2% 수준인데 비해 ETF는 0.1~0.7%에 불과하다. 또한 일반펀드는 환매 시 환매수수료를 지급해야 하지만, ETF 거래에는 이런 비용이 없다. 투명성 측면에서도 ETF에 강점이 있다. 일반펀드는 월 단위로 운용내역을 공개하는 반면, ETF는 운용내역 등을 실시간으로 공개하기 때문이다.

ETF는 주식과 비교해도 여러 면에서 비교우위에 있다. 첫 번째 비교우위는 넓은 투자범위이다. 주식은 개별기업으로 투자가 한정되지만, ETF를 활용하면 시장에서 접하기 힘든 다양한 지수 및 산업에 투자할 수 있다. KOSPI200 혹은 철강산업에 투자하고 싶다면 ○○KOSPI200, △△철강지수 등과 같은 ETF에 투자하면 된다. 두 번째 비교우위는 저렴한 거래비용이다. ETF는 주식매도 시 부과되는 증권거래세(0.3%)가 면제되기 때문에 주식거래에 비해 거래비용이 적게 든다. 잦은 매매를 하는 투자자의 경우 거래비용 부담도 만만치 않기 때문에 이런 투자자에게 ETF는 좋은 투자대안이 될 수 있다. 세 번째 비교우위로 접근성을 들 수 있다. ETF는 개별종목에 비해 주가수준이 상대적으로 낮기 때문에 개인투자자의 소액투자에 더 용이하다.

무엇이든지 장점이 있으면 단점도 있게 마련이다. ETF도 마찬가지

이다. ETF의 가장 큰 단점은 유동성 부족이다. 많은 ETF의 거래량 수준이 개별종목에 비해 낮은 편이다. 이로 인해 개별종목의 주가상승 시 상승효과가 더디게 반영되고, 개별종목의 주가하락 시 하락효과가 빠르게 전이되는 문제점이 있다. 이런 점을 해결하기 위해 LP가 존재하지만, 아직 역부족인 상황이다. 앞으로 ETF시장이 더 활성화되고 성장할 것은 확실하다. 하지만 현재의 투자자 입장에서 본다면 ETF투자 시 거래량 등 유동성 확인은 필수적이다. 유동성이 풍부한 ETF 위주로 투자포트폴리오를 구성하고, 아무리 좋은 종목이라도 거래량이 적다면 투자를 자제하는 것이 좋다.

# 채권 투자

## ■ 가까이 다가오는 채권투자

채권은 주식과 함께 투자시장에서 가장 중요한 투자자산이다. 기업이나 정부에 있어 제1의 자금조달 수단이고, 자금을 운용해야 하는 금융기관에 있어 역시 제1의 운용자산이다. 이렇게 금융시장에서 중요한 역할을 하고 있는 채권은 유독 개인과는 거리가 멀었다. 보통 몇 십억원 단위로 장외에서 거래되고 만기수익률, 표면금리, 만기 등 용어 및 개념도 어려워 개인투자자가 접근하기 힘들었다.

그러나 최근 증권사들이 대고객 채권영업을 활성화하고 금융투자협회가 이를 지원하면서 채권이 개인투자자에게 더 가까워지고 있다. 증권사들이 시장에서 증권사 명의로 채권을 매수한 후 개인투자자에게 소액으로 판매함으로써 채권 직접투자의 대중화를 이끌고 있는 것이다. 금융투자협회 역시 각 증권사의 소액채권 판매정보를 제공

하는 본드몰(http://www.bondmall.or.kr)을 운영하고 있다. 채권투자를 원하는 투자자는 증권사 영업점을 방문하여 위탁계좌를 개설한 후 영업점 창구 혹은 HTS로 채권거래를 할 수 있다.

채권투자의 대중화는 개인의 자산배분 측면에서도 의미가 크다. 채권은 저위험/저수익의 대표적 자산으로 주식과 다른 위험패턴을 갖고 있다. 따라서 주식과 채권을 함께 투자할 경우 위험의 분산효과를 확대할 수 있다. 물론 채권의 신용도에 따라 위험/수익 수준이 높아질 수 있지만, 이것은 어디까지나 투자자의 선택문제이다. 다시 말해 채권의 대중화는 기관투자자들이 채권운용을 통해 누리던 자산배분의 효과를 개인들도 더불어 누리게 된다는 데 큰 의의가 있다.


## ■ 채권, 기본은 알아야 한다

채권투자는 단순해 보이지만, 많은 사람들이 주식투자보다 더 어렵다고들 말한다. 주식투자는 주가만 신경 쓰면 되지만, 채권투자는 표면금리, 만기, 만기수익률 등 신경 쓸 것이 더 많기 때문이다. 따라서 채권투자에 입문하기 위해서는 우선적으로 채권에 대한 기본적 이해가 필요하다.

채권은 정부, 공공기관, 사기업 등이 장기의 자금을 조달하기 위해 발행하는 차용증서 즉, 증권이다. 채권은 기업의 자금조달원으로 주식과 종종 비교되곤 한다. 주식은 기업의 자본금으로 조달되는데 반해 채권은 차입금으로 조달된다. 따라서 각 증권보유자의 지위와 권리 역시 달라진다. 주식보유자는 주주로서 주인 역할을 하지만, 기업

이 청산될 경우 가장 후순위의 재산권리를 갖게 된다. 반면, 채권보유자는 채권자로서 기업이 청산될 경우 선순위의 재산권리를 갖는다.

[표 6-3] 채권과 주식의 주요 특성

|  | 채권 | 주식 |
| --- | --- | --- |
| 조달 성격 | 차입금(타인자본) | 자본금(자기자본) |
| 증권보유자의 지위 | 채권자 | 주주 |
| 기업 청산시 권리 | – 청산시 주주에 우선하여 재산권 행사 | – 청산시 채권자에 비해 후순위로 재산권 행사 |

　채권은 기준에 따라 다양하게 분류할 수 있다. 발행주체에 따라 중앙정부가 발행하는 국채, 지방정부가 발행하는 지방채, 특수법인이 발행하는 특수채, 금융기관이 발행하는 금융채, 일반법인이 발행하는 회사채로 분류된다. 이자지급 형태에 따라 일정 주기마다 이자를 지급하는 이표채, 이자를 복리로 재투자하여 만기에 일시 지급하는 복리채, 단리로 계산된 이자를 만기일에 지급하는 단리채, 채권을 할인하여 발행한 후 만기에 액면금액을 지급하는 할인채로 구분할 수도 있다. 시장에서는 만기에 따라 통상 1년 이하는 단기채, 1년~5년 사이는 중기채, 5년 초과 채권은 장기채로 분류한다.

　최근 부실 저축은행이 정리되면서 후순위채권 투자가 논란이 되었다. 후순위채권은 발행기업이 청산될 경우 재산권 행사에 있어 주주

보다는 선순위이지만, 일반채권에 비해 후순위 권리를 갖는 채권이다. 재산권이 일반채권에 비해 후순위이기 때문에 지급금리가 일반채권에 비해 더 높게 형성된다. 많은 투자자들이 저축은행의 권유와 고금리 매력으로 인해 후순위채권에 투자했지만, 해당 저축은행의 부실화로 자산가치가 고객의 예금(부채) 가치보다 작아지면서 후순위채권 투자자에게 돌아갈 몫이 없어지게 되었다. 결국 예금보호대상이 아닌 후순위채권 투자자는 원금을 회수하지 못할 수밖에 없는 상황이 된 것이다.

채권금리는 채권을 이해하는데 있어 가장 중요한 개념이다. 채권의 수익성 및 위험상황이 모두 채권금리로 표현되기 때문이다.

[표 6-4] 채권금리 종류 및 정의

| 수익률 | 정의 |
| --- | --- |
| 표면금리 | – 이자를 계산할 때 사용되는 금리<br>– 할인채에서는 흔히 할인율로 통용 |
| 만기수익률 | – 이표채에서 흔히 사용되는 개념, 만기까지 발생하는 현금흐름의 현재가치 합과 채권가격을 같게 하는 할인금리 |
| 실효수익률 | – 채권의 총 가치를 원금의 복리 원리금으로 표현할 때 적용되는 복리금리 |
| 은행예금<br>환산수익률 | – 채권의 세후수익률을 소득세율로 역산하여 산출한 세전수익률. 흔히 은행예금과 비교되어 은행예금 환산수익률이라 부름 |

표 6-4와 같이 여러 종류의 채권금리가 있지만, 시장에서는 주로 만기수익률(이표채)과 할인율(할인채)이 사용된다. 이표채의 만기수익률은 만기까지 채권을 보유할 경우 기대되는 수익률로 채권가격과 금리의 관계식으로 설명될 수 있다. 아래 식은 6개월 주기로 이자를 지급하는 만기 1년 이표채의 만기수익률 관계식이다.

$$\text{채권가격} = \frac{\text{이자}}{1+\dfrac{\text{만기수익률}}{2}} + \frac{\text{액면금액}+\text{이자}}{\left(1+\dfrac{\text{만기수익률}}{2}\right)^2}$$

할인채의 할인율은 상품가격의 DC(Discount) 비율과 같은 개념으로 가격과 금리의 관계식은 다음과 같다.

$$\text{채권가격} = \text{액면금액} - \text{액면금액} \times \text{할인율} \times \frac{\text{만기잔존일수}}{365}$$

이표채나 할인채 공식에서 채권가격이 결정되고 이후 만기수익률이 결정되는 것이 순서이지만, 우리 채권시장에서는 만기수익률을 기준으로 거래가 되기 때문에 만기수익률이 먼저 결정된다. 이후 상기 관계식에 따라 채권가격이 결정되고, 이 가격을 기준으로 채권금액의 결제가 이루어지고 있다.

채권금리의 수준은 발행자의 신용상태에 따라 달라진다. 발행자의 신용도(신용등급)가 낮을수록 원리금을 갚을 능력이 떨어지기 때문에 이들이 발행하는 채권에 더 높은 금리가 요구된다. 따라서 신용도가 낮을수록 채권금리는 높아지게 된다. 신용상태 등으로 인한 추가

금리 즉, 신용스프레드(=신용채금리 - 국고채금리)는 해당 기업의 신용상태가 악화되거나 금융시장이 불안할수록 확대되는 경향이 있다.

채권금리는 채권의 만기 및 시장의 수급상태에 따라 달라지기도 한다. 일반적으로 만기가 길어질수록 채권금리가 높아지는 경향이 있다. 만기가 길어지면 채권발행자는 긴 기간 동안 안정적으로 자금을 사용할 수 있는 반면, 채권매수자는 그만큼 자금사용이 제한되기 때문에 더 높은 금리를 요구하게 된다. 그러나 이런 금리의 기간구조는 수급에 따라 상황이 달라질 수도 있다. 단기 금융시장이 불안하거나 채권 이외 장기투자자산이 마땅치 않을 경우 장기채권의 수요가 증가할 수 있다. 채권의 수요가 증가하면 낮은 금리에도 채권을 매수하게 되므로 단기보다 장기채권의 금리가 더 낮아질 수도 있다. 결국 채권금리는 발행자의 신용상태, 만기, 시장의 수급 등에 복합적으로 영향을 받아 결정된다고 말할 수 있다.

채권의 신용등급도 중요한 개념이다. 한우도 품질에 따라 여러 등급으로 분류되듯이 채권도 발행자의 원리금 상환능력에 따라 여러 신용등급으로 분류되고 있다. 국내채권의 신용등급은 AAA부터 D까지 10개 등급이 있고, AA등급부터 B등급 사이는 +/-로 세분화하고 있다. 국내에서는 3개 신용평가회사(한국신용평가, 한국기업평가, 나이스신용평가)가 신용평가 업무를 담당하는데, 정부 이외 기관이 채권이나 기업어음을 발행할 때는 반드시 2개 기관으로부터 등급평가를 받아야 한다. 언론에서 많이 접해본 것처럼 해외의 대표적 신용평가기관은 Moodys, S&P, Fitch이다. 이들 해외신용평가사는 기업뿐만 아니라 정부의 신용등급까지 평가하면서 막대한 영향력을 행

사하고 있는데, 대한민국 정부의 2013년 5월말 신용등급은 Moodys Aa3, S&P A+, Fitch AA−이다.


## ■ 채권가격과 금리

　채권투자에 있어 가장 중요하면서도 이해하기 어려운 부분이 채권 가격과 채권금리와의 관계이다. 채권가격이 금리에 영향을 받는다는 것은 알고 있지만, 그 관계가 직관적으로 이해되지 않기 때문이다. 결론부터 얘기하자면 채권가격과 채권금리는 반비례 관계에 있다. 이 관계는 앞서 언급한 이표채의 만기수익률 공식에서도 쉽게 확인할 수 있다.

$$채권가격 = \frac{이자}{1+\dfrac{만기수익률}{2}} + \frac{액면금액+이자}{\left(1+\dfrac{만기수익률}{2}\right)^2}$$

공식에서 만기수익률은 분모를 구성하는 요소이기 때문에 만기수익률 즉, 채권금리가 상승(하락)할수록 채권가격은 하락(상승)하게 된다.

　동일한 관계를 수학적 관점이 아닌 기회가치 관점으로 이해할 수도 있다. 사례를 통해 살펴보도록 하자. 나후회는 표면금리 5%, 만기 1년인 채권을 10,000원에 매수하였다. 그런데 채권을 사자마자 채권금리가 상승하여 동일한 채권의 발행금리가 8% 수준이 되었다. 이때 나야호는 표면금리 8%, 만기 1년 채권을 10,000원에 매수하였다. 나후회는 배가 아플 것이다. 그래서 본전에 매도하려 마음먹었다. 그런

데 도무지 팔리지 않았다. 표면금리 8%인 채권을 10,000원에 매수할 수 있는데, 누가 표면금리 5%인 채권을 10,000원에 사겠는가? 울며 겨자 먹기로 9,722원에 나중립에게 매도하였다. 나중립은 표면금리 5%인 채권 9,722원과 표면금리 8%인 채권 10,000원을 동일하게 본 것이다.

금리하락의 경우도 마찬가지이다. 나잘해가 표면금리 5%, 만기 1년인 채권을 10,000원에 매수 한 후 바로 시장금리가 3% 수준으로 떨어졌다. 즉, 동일한 채권이 표면금리 3%로 발행되게 된 것이다. 이때 친구인 나도사 역시 채권을 사고 싶었다. 표면금리 3%인 채권이 10,000원에 거래되는 상황에서 나잘해에게 표면금리 5%인 채권을 10,000원에 매도하라고 권유하였다. 과연 나잘해가 팔까? 시중에서 3%밖에 금리를 받지 못하는데 본인은 5%를 받을 수 있기 때문에 당연히 팔지 않을 것이다. 나잘해는 표면금리 5%인 채권을 나도사가 아닌 나중립에게 10,194원에 매도하였다. 역시 나중립은 표면금리 5%인 채권 10,194원과 표면금리 3%인 채권 10,000원을 동일하게 본 것이다.

이제 사례의 상황을 정리해 보자. 기존 채권보유자는 받을 수 있는 채권금리가 고정되어 있기 때문에 채권금리가 오르더라도 금리상승의 혜택을 볼 수가 없다. 채권금리가 상승할 경우 이런 기회비용이 반영되어 채권가격은 하락하게 된다. 채권금리가 내려가는 경우도 마찬가지이다. 기존 채권보유자는 받을 수 있는 채권금리 수준이 보장되어 있기 때문에 채권금리가 내려가더라도 이자손실이 발생하지 않는다. 채권금리가 하락하는 경우 이런 기회이득이 반영되어 채권가격

은 상승하게 된다.

그렇다면 나중립은 금리가 상승하는 상황에서 채권가격의 기준을 어떻게 세울 수 있었을까? 답은 바로 만기수익률에 있다. 나중립이 표면금리 5%인 채권 9,722원과 표면금리 8%인 채권 10,000원을 동일하게 볼 수 있었던 이유는 두 채권 모두 만기수익률이 현재 8%로 동일하기 때문이다. 즉, 현재 이들 채권에 투자하면 만기까지 동일한 8%의 수익을 기대할 수 있는 것이다. 금리하락의 경우도 마찬가지다. 표면금리 5%인 채권 10,194원과 표면금리 3%인 채권 10,000원 모두 만기수익률이 3%로 동일하기 때문에 동일 선상에서 생각할 수 있었다. 시장의 거래도 마찬가지다. 시장참여자들은 표면금리가 아닌 만기수익률을 기준으로 채권을 거래하고 있다.


## ■ 채권의 투자위험, 알고 대응하자

흔히 채권의 투자위험은 주식에 비해 작다고 말한다. 이것은 가격의 위험 즉, 시장위험 측면에선 맞는 말이다. 채권의 가격변동이 주식에 비해 상대적으로 작기 때문이다. 그러나 채권투자의 경우 금리위험, 신용위험, 유동성위험, 조기상환(Call)위험 등 고려해야 할 위험이 더 많기 때문에 주의가 필요하다.

채권투자의 가장 대표적인 위험인 금리위험은 가격위험(시장위험)과 원리금의 재투자위험으로 다시 세분된다. 가격위험은 금리변동으로 채권가격이 변동하는 위험이다. 구조적인 특성으로 인해 채권의 만기가 길수록 가격위험은 더 높아진다. 이런 특징은 앞서 언급한 가

격공식에서도 확인할 수도 있고, 기회가치 관점으로 이해할 수도 있다. 후자의 경우를 예를 통해 살펴보자. 표면금리가 5%로 동일한 만기 5년과 10년 채권이 있다고 하자. 발행 직후 채권금리가 8%로 높아진다면 채권가격은 모두 하락할 것이다. 만기가 5년인 채권은 3%의 기회손실을 5년만 참으면 되지만, 만기가 10년인 채권은 10년이나 참아야 하기 때문에 가격하락폭이 더 커지게 되는 것이다.

**[표 6-5]** 가격위험과 듀레이션

시장에서는 듀레이션(duration)을 통해 채권의 가격위험을 직관적으로 판단한다. 듀레이션은 금리변동에 따른 채권가격의 민감도로 듀레이션이 클수록 가격위험이 높아진다. 주요 듀레이션으로 맥큐레이(Macaulay) 듀레이션과 유효(Effective) 듀레이션이 있다. 유효 듀레이션은 금리 1%p 변동에 대한 채권가격의 변동으로 가격위험 판단의 목적에 더 부합하고, 산출공식도 더 단순하기 때문에 시장에서 주로 사용된다. 금리변동에 따른 채권가격의 변동은 채권가격에 듀레이션과 금리 변동폭을 곱하여 산출할 수 있다. 이런 방식은 변동된 금리로 채권가격을 직접 산출하여 가격 변동폭을 산출하는 방식보다 정확성은 조금 떨어지나 직관적인 이해와 빠른 의사결정에 도움을 줄 수 있다.

맥큐레이(Macaulay) 듀레이션(M) : (정의) 현금흐름의 평균적인 만기

$$= \frac{\Sigma\, 현금흐름\ 시점(연기준) \times 현금흐름\ 현가}{채권가격}$$

유효(Effective) 듀레이션(E) : (정의) 금리 1%p 움직임에 대한 채권
가격의 % 움직임

$$= \frac{채권가격(금리\ 0.5\%p\downarrow) - 채권가격(금리\ 0.5\%p\uparrow)}{채권가격 \times 1\%}$$

채권가격의 변동

$$(M방식) = -\frac{채권가격 \times 듀레이션(M) \times 금리변동}{1 + 금리}$$

$$(E방식) = -채권가격 \times 듀레이션(E) \times 금리변동$$

　재투자위험은 채권의 만기상환 혹은 조기상환으로 원리금을 재투자해야 될 때 시장금리가 하락하여 재투자수익률이 낮아질 위험이다. 가격위험과 재투자위험은 크기와 방향에 있어 반대적인 속성을 갖고 있다. 채권 매입 직후에는 가격위험이 더 크고, 만기일에 가까워질수록 재투자위험이 더 커지게 된다. 재투자위험은 대체자산 투자로 어느 정도 조절이 가능하기 때문에 위험에 대한 관심도는 상대적으로 낮은 편이다.

　신용위험은 채권발행자가 투자자에게 채권이자 및 원금을 지급하지 못할 위험이다. 시장에서는 편의상 신용위험을 기준으로 정부 및 한국은행이 발행하는 채권을 무위험채, 이외 기관이 발행하는 채권을 신용채로 분류한다. 신용위험은 가산금리 형태로 채권금리에 반영되는데, 국내 신용채의 금리는 국채금리에 일정 금리가 가산되고,

해외에서 발행하는 국내채권의 금리는 보통 미국채금리에 일정 금리가 가산된다. 가산금리 즉, 신용스프레드는 앞서 언급한 것처럼 신용등급이 낮을수록 높으며, 시장이 불안할 때 전체적으로 높아지는 경향이 있다. 1997년 외환위기 및 2008년 금융위기 때 신용스프레드가 급격히 확대된 것이 대표적인 사례이다.

채권투자의 유동성위험은 채권을 쉽게 매도할 수 없는 위험이다. 대부분이 장외에서 거래되는 채권은 장내에서 거래되는 주식에 비해 유동성이 떨어진다. 그러나 이런 정도의 유동성위험 부담은 주식에 비해 작은 시장위험 효과로 상쇄할 수 있다. 여기서 말하고자 하는 유동성위험은 채권종목에 관한 것이다. 보통 발행물량이 많고 채권구조가 단순한 종목일수록 유동성이 높다. 가장 대표적인 예가 국고 3년 채권인데, 동 채권은 발행물량이 가장 많고, 유동성도 좋아 시장의 기준 지표물로 사용된다. 당연한 얘기지만 신용등급이 낮을수록 종목의 유동성위험은 커지게 된다. 시장 상황이 안 좋을 때는 누구나 신용채권의 매수를 꺼리기 때문이다. 이런 위험에 대한 보상으로 추가금리가 지급되는데, 신용채권의 가산금리 즉, 신용스프레드 속에는 유동성 보상 부분이 상당한 비중을 차지하고 있다.

조기상환(Call) 위험은 발행자가 중도에 원리금을 상환하는 위험이다. 채권발행 후 시중금리가 떨어지면 발행기관은 기존 채권을 상환하고, 낮은 금리로 채권을 재발행하는 것이 유리하다. 이것을 가능하게 하기 위해 발행조건에 조기상환(Call) 조항을 넣어 발행되는 경우가 종종 있다. 조기상환이 되는 경우 투자자에게 원금과 경과이자가 지급되지만 조기상환은 투자자에게 반갑지 않은 소식이다. 보통 금리

가 하락할 때 조기상환이 이루어지므로 채권투자자는 낮은 금리로 재투자해야 하는 위험을 안게 되기 때문이다. 이런 위험을 보상하기 위해 조기상환 조건이 붙은 채권은 일반채권보다 다소 높은 표면금리로 발행된다.


### ■ 채권투자전략

채권은 가장 대표적인 투자자산이면서 그 역사도 매우 길기 때문에 수 많은 투자전략들이 개발되어 왔다. 안타까운 것은 채권거래가 기관투자자 중심으로 이루어지다 보니 개인투자자에게 익숙한 전략이 많지 않다는 것이다. 그럼에도 개인투자자가 간단히 활용할 수 있는 투자전략에 대해 알아두면 채권투자에 큰 도움이 될 수 있다.

채권의 투자전략은 이자전략과 매매전략으로 크게 구분된다. 이자전략은 표면금리가 높은 채권에 투자하여 이자수익 극대화를 목표로 하는 것이고, 매매전략은 시장금리 변동을 활용하여 매매이익을 추구하는 전략이다. 기관투자자 역시 장기운용 중심의 보험사는 주로 이자전략을 추구하고, 단기적 이익의 극대화를 추구하는 운용사 및 증권사는 매매전략을 사용한다.

개인 역시 자신의 투자환경 및 투자금의 성격에 맞는 전략을 선택해야 한다. 장기적이며 안정적인 목돈 운용이 목적이라면 이자전략이 좋다. 고금리 채권을 매수하여 만기까지 유지하면 높은 이자를 안정적으로 수취할 수 있다. 다만, 금리가 높아질수록 상대적으로 신용위험이 커지기 때문에 이를 고려하여 채권을 선택해야 한다. 자금

을 적극적으로 운용하는 것이 목적이라면 매매전략이 적당하다. 향후 시장금리 하락이 예상되거나, 시장금리가 일시적으로 급등한 경우 채권을 매수한다. 그리고 금리가 충분히 하락했을 때 매도하면 매매차익을 거둘 수 있다. 시장의 거래단위로 인해 개인투자자가 유동성이 높은 채권에 접근하는데 한계가 있을 수 있으므로 채권형펀드 혹은 국고채 ETF를 활용하는 것도 좋은 방법이다. 매매원리는 앞서 언급한 채권의 경우와 동일하다.

첨가소화채권을 활용하는 것도 좋은 전략이다. 첨가소화채권은 정부나 지방자치단체로부터 인허가 및 면허를 받거나 부동산의 등기 및 차량 등의 등록 시 매입이 강제되는 채권으로 국민주택채권, 도시철도채권, 지역개발채권 등이 이에 해당된다. 강제매수자는 채권을 매수한 후 만기까지 보유하거나, 시장금리로 할인하여 매도할 수 있는데 대부분 매도방법을 택하고 있다. 국민주택채권 3%, 도시철도채권 및 지역개발채권 2.5% 등 표면금리가 시중채권에 비해 낮기 때문에 시중금리로 할인하여 매도하는 경우 손실이 발생하고, 이에 대한 손실 비용을 지불해야 한다. 주택 및 차량 등록으로 첨가소화채권을 매도한 경험이 있는 사람이라면 한번씩 겪어 본 일일 것이다.

첨가소화채권의 이 낮은 표면금리는 한편으로 절세효과를 제공한다. 표면금리가 낮더라도 시중금리로 거래할 수 있기 때문에 첨가소화채권에 투자하면 시중금리의 만기수익을 얻으면서 상대적으로 낮은 세금을 낼 수 있다. 개인들이 증권사가 판매하는 첨가소화채권을 직접 매수해도 좋고, 절세특성을 활용한 증권사의 상품에 투자해도 좋다. 몇몇 증권사들은 초기 투자금으로 첨가소화채권을 매수 한 후

이를 다시 매월 이자로 지급하는 상품을 선보이고 있다. 이런 상품은 절세투자 및 정기적 수익을 원하는 투자자들에게 좋은 투자상품이다.

# 파생상품 투자

## ■ 파생상품, 이제 피할 수 없다

주식, 채권만큼이나 자주 듣지만 좀처럼 가까워지지 않는 금융용어가 있다. 바로 파생상품이다. 파생상품에 대한 대다수 사람들의 생각은 '어렵다'라는 것이다. 그러나 아이러니하게도 선물시장 등 국내 장내파생상품 시장은 세계 1, 2위 수준이고, 실질적인 파생상품인 ELS의 투자열기도 뜨겁다. 많은 펀드들이 파생상품을 활용하여 투자 및 위험관리를 하고 있기 때문에 대다수 사람들이 직간접적으로 파생상품을 활용하고 있는 것이다.

개념적으로 어렵다고 피하지만, 파생상품으로 인식하지 못한 채 열광적으로 파생상품을 사용하는 상황은 정상이 아니다. 이제 현대금융에서 파생상품은 피할 수도 없고, 피해서도 안 되는 상황이 되었다. 그렇다면 개인투자자들도 파생상품에 대한 적극적인 인식을 가져

야 한다. 파생상품을 이해하고 필요한 경우 사용하되 통제력을 잃지 않는 것이다. 파생상품은 어려운 게 아니고 냉정하게 바라봐야 할 상품이다.

## ■ 파생상품의 기본 알기

파생상품(derivatives)은 용어에서 알 수 있듯이 기초자산의 가격변동에 따라 상품의 가치가 변동하는 상품이다. 예를 통해 파생상품의 특성을 살펴보자. 현재 삼성전자 주가가 80만원인데 1년 후 삼성전자 1주를 90만원에 사는 계약을 맺었다고 하자. 삼성전자 주가가 오르면 싸게 살 수 있는 가능성이 높아지므로 계약가치는 높아진다. 반대로 주가가 내려가면 비싸게 살 확률이 높아지므로 계약가치는 낮아질 것이다. 삼성전자의 주가변동에 따라 계약가치가 변동하므로 이 계약은 파생상품이고, 그 기초자산은 삼성전자 주식이 된다.

파생상품은 기초자산, 거래소 상장여부, 계약형태 등에 따라 다양하게 분류된다. 기초자산이 주식이면 주식파생상품, 금리이면 금리파생상품, 외국통화이면 환파생상품으로 구분된다. 가격이나 수준이 객관적으로 측정 가능한 것은 모두 파생상품의 기초자산이 될 수 있기 때문에 기초자산에 따른 파생상품의 종류 역시 다양하다. 파생상품이 주식과 같이 거래소에 상장되어 거래되면 장내파생상품, 거래소 밖에서 개별적으로 거래되면 장외파생상품이라 한다. 장내파생상품은 표준화되어 다량으로 거래되는 반면, 장외파생상품은 서로의 필요에 따라 상품이 설계되어 거래되므로 상품구조가 다양한 특성이

있다. 파생상품은 계약형태에 따라 선도계약(상장되어 거래될 경우 선물), 옵션, 스왑 등의 기본파생상품과 기본파생상품이 응용된 이색파생상품(exotic derivatives)으로 나뉘기도 한다.

주가연계증권(ELS)과 파생결합증권(DLS)은 채권과 파생상품으로 분해될 수 있는데, 보통 채권가치의 비중이 높고 최대손실이 투자원금으로 제한되기 때문에 국내법에서는 증권으로 분류한다. 하지만 이들 모두 기초자산의 가격변동에 따라 상품가치가 변동하고, 판매된 ELS 등을 헤지운용하는 증권사나 이를 감독하는 감독기관 모두 파생상품 기준으로 관리하고 있기 때문에 투자자도 이들 상품을 파생상품으로 이해하고 투자해야 한다. ELS 및 DLS에 대해서는 이후 자세히 다루기로 한다.

파생상품의 큰 위험 중 하나가 거래상대방이 계약의 의무를 다하지 않는 것인데, 장내파생상품은 거래소가 거래상대방이 되기 때문에 이런 위험으로부터 비교적 안전하다. 반면, 거래소는 투자자들 즉, 거래상대방의 계약불이행 위험을 안고 있기 때문에 이를 제거하기 위해 일정 수준의 증거금 예치를 요구하고 있다. 증거금 제도는 투자자가 증권사 등에 증거금을 납입하면 거래소 회원인 증권사가 다시 거래소에 증거금을 납부하는 구조로 운영된다. 이때 고객이 증권사에 납부하는 증거금을 위탁증거금이라 하고, 증권사 등이 거래소에 납부하는 증거금을 거래증거금이라 부른다.

위탁증거금은 크게 기본예탁금, 거래위탁증거금, 유지증거금으로 분류된다. 기본예탁금은 장내파생상품의 잔고가 없는 상태에서 거래를 시작하기 전에 예탁해야 하는 증거금(1,500만원)이다. 선물, 옵

션 등 장내파생상품의 거래주문이 접수되기 위해서는 주문거래 규모를 반영한 일정수준의 증거금이 필요한데, 이를 거래위탁증거금이라 한다. 기본예탁금을 포함하여 예탁된 증거금이 거래위탁증거금에 미달될 경우 주문이 이루어지지 않게 된다. 거래소 시장의 하루 거래가 마감되면 증권사는 당일 마감가격을 기준으로 고객의 파생상품 포지션을 평가하게 되고, 이를 바탕으로 필요한 증거금을 다시 계산하게 되는데 이 필요증거금이 바로 유지증거금이다. 예탁된 증거금이 유지증거금보다 작을 경우 투자자는 다음 영업일에 추가적으로 증거금을 예탁해야 하고, 만약 예탁하지 못할 경우 증권사는 반대거래 등의 필요조치를 취하게 된다.

[표 6-6] 파생상품의 사용 목적

파생상품의 활용 목적은 다음과 같이 크게 세가지로 구분할 수 있다.

### 위험헤지(risk hedge)

가장 중요한 목적으로 파생상품의 거래를 통해 자신이 보유한 기초자산 포지션의 위험을 제거하는 것이다. 흔히 이것을 헤지(hedge)거래라 한다. 파생상품은 기초자산의 가격변동에 따라 가치가 변하기 때문에 보유 기초자산의 가치변동과 반대되는 파생상품 포지션을 구축하면 기초자산 포지션의 가격위험을 관리할 수 있다. 투자자가 삼성전자 주식 100주를 가지고 있다면 3개월 후 삼성전자 주식 100주를 매도하는 계약을 맺음으로써 삼성전자 주가변동의 위험을 헤지할 수 있는 것이다. 많은 금융기관들이 위험관리 목적으로 파생상품을 활용하고 있고, 파생상품은 그 역할을 충실히 수행해 내고 있다. 파생상품을 비판하는 사람들도 많이 있지만 시장에서 그 위치가 흔들리지 않는 이유

도 파생상품이 헤지 기능을 제공하는 가장 훌륭한 도구이기 때문이다.

### 차익거래(arbitrage)

차익거래란 위험을 부담하지 않고 이익을 얻을 수 있는 거래를 말하는데, 파생상품을 활용하여 차익거래를 할 수 있다. 파생상품은 기초자산의 가격변동에 따라 동일한 손익관계를 갖는 기초자산 포지션으로 복제가 가능하기 때문에 이 복제포지션의 가치를 파생상품의 공정가치(fair price)로 추정할 수 있다. 시장에서 거래되는 파생상품의 가격이 이 공정가치에서 벗어날 경우 파생상품과 복제포지션을 활용하여 무위험 거래를 할 수 있다. 실제로 시장에서는 기관투자자를 중심으로 차익거래 목적의 파생상품 거래가 많이 이루어지고 있다.

### 투기(speculation)

투자상품으로 파생상품을 활용하는 것이다. 파생상품 투자는 초기 투자비용이 작고, 손익변동이 큰 특성이 있다. 따라서 파생상품 투자는 주식, 채권 등의 직접투자에 비해 이익과 손실이 모두 커질 수 있다. 선진 금융시장에서는 투기목적의 거래가 기관투자자 중심으로 이루어지는 반면, 국내 장내파생상품 시장에서는 개인들의 투기목적 거래가 상당한 비중을 차지하고 있다. 국내 장내파생상품 시장이 양적인 성장을 넘어 질적인 성장을 이루기 위해서는 이런 투기목적의 거래가 위험관리 기능을 갖춘 기관투자자 위주로 제한될 필요가 있겠다.

## ■ 선물과 옵션

선도계약(Forward Contract)은 앞서 삼성전자의 예를 든 것처럼 미래 특정시점에 기초자산을 매매하기로 한 계약이다. 이런 계약은

파생상품 개념을 떠나 실생활에서도 많이 쓰이고 있다. 사과주스 생산을 담당하는 농협에서 연초에 사과농장과 계약을 하는 경우와 컴퓨터 제조업체가 반도체를 미리 사두는 것 모두 선도계약이다. 매수자는 가격급등 위험을 피하고, 매도자는 가격급락 위험을 미리 피할 수 있다. 선도계약의 가장 큰 위험은 거래상대방이 계약을 이행하지 않는 것이다. 이런 거래상대방 위험을 줄이고 거래규모를 확대하기 위해 표준화된 선도계약이 거래소에 상장되어 거래되고 있다. 이것이 바로 선물(Futures)이다.

1996년 주가지수선물이 시작된 이래 선물시장은 양적 및 질적 성장을 해왔다. 현재 KOS200 선물을 비롯한 주식형 3종류, 국채선물 3종류, 환율 3종류, 일반상품 3종류가 상장되어 거래되고 있으며, KOSPI200 선물 및 3년국채 선물의 거래량은 세계적 수준이다. 선물의 만기일은 종목에 따라 다른데, 주가지수 및 개별주식 선물의 경우는 3, 6, 9, 12월의 두 번째 목요일이다. 이날은 KOSPI200 및 개별주식 옵션의 동시 만기일이기도 하여 파생상품이 현물 주가에 상당한 영향을 미쳐 왔다. 이런 영향으로 이날을 '네마녀의 날(quadruple witching day)'이라 부르기도 한다.

선물의 증거금률은 종목별로 다른데, 대표 종목인 KOSPI200 선물의 경우 위탁증거금은 거래금액의 15%, 유지증거금은 10% 수준이다. KOSPI200 지수가 200일 경우 거래금액은 200×50만원 즉, 1억원이므로 거래를 위해 위탁증거금은 1,500만원, 거래유지를 위한 유지증거금은 1,000만원이 된다. 주식투자의 경우 투자금액의 100%에 해당하는 현금이 필요하지만, 선물투자는 15% 내외의 증거금만 필요

하다. 따라서 동일한 현금으로 투자한다고 가정할 때 선물은 주식에 비해 더 큰 규모로 투자할 수 있다. 이는 곧 수익 변동폭이 커짐을 의미한다. 그만큼 투자위험이 주식투자에 비해 크다는 것이다.

옵션(Option)은 기초자산을 매매할 수 있는 권리에 대한 계약이다. 선물은 매수든 매도든 무조건 계약을 이행해야 하는 의무계약인 반면, 옵션은 매매포지션에 따라 상황이 달라진다. 옵션매수자는 본인이 유리할 때 권리를 행사하고 불리하면 권리를 포기하면 된다. 반대로 옵션매도자는 옵션매수자의 권리행사에 무조건 응해야 하기 때문에 의무계약이 된다. 삼성전자 주식을 한달 후 100만원에 살 수 있는 권리를 2만원에 매입하는 계약을 맺었다고 하자. 만기일 주가가 110만원이면 매수자는 권리(옵션)를 행사하여 10만원의 차익을 거둘 것이다. 구입비용 2만원을 제하면 8만원의 이익이 발생한다. 매도자는 매수자에게 주식을 100만원에 무조건 팔아야 한다. 반면, 만기일 주가가 95만원으로 떨어지면 옵션매수자는 주식을 100만원에 살 수 있는 권리를 포기하면 그만이다. 단지 매수비용 2만원만 손실을 볼 뿐이다.

예에서 알 수 있듯이 옵션매수자의 이익은 무한대(콜옵션 경우)일 수 있고, 손실은 옵션의 매수비용으로 한정된다. 반대로 옵션매도자의 손실은 무한대(콜옵션 경우)일 수 있고, 이익은 옵션의 매도대금으로 한정된다. 위험측면에서 보면 매도거래가 훨씬 더 위험하다. 이런 이유로 옵션의 매도거래에는 증거금이 높게 설정되고 있으며, 기관투자자들이 대부분의 매도거래를 담당하고 있다.

현재 거래소에 KOSPI200 지수, 개별주식, 미국달러를 기초자산으

로 하는 옵션이 상장되어 거래되고 있는데, KOSPI200 옵션의 거래 비중이 압도적이다. KOSPI200 옵션의 만기일은 매월 두 번째 목요일로 분기마다 선물의 만기일과 일치한다. KOSPI200 옵션의 승수는 50만원이므로 1계약의 가치는 옵션가격×50만원이 된다. 즉, 지수가 200일 때 옵션가격이 10이라 하면 옵션 1계약의 실제가치는 500만원(=10×50만원)이 된다. 옵션을 매수할 경우 이 실제가치에 해당하는 현금만 지불하면 되지만, 옵션을 매도하는 경우는 주가변동(15% 수준)에 따른 가치변동 수준의 증거금을 예치해야 한다. 선물과 옵션에 대한 구체적 정보는 한국거래소 홈페이지에서 얻을 수 있다.

ELW(Equity Linked Warrant)는 개인투자자가 쉽게 접근할 수 있도록 고안된 옵션 상품이다. 옵션가격이 기초자산 가격의 0.1%~10% 수준이라 하더라도 KOSPI200 지수의 수준과 승수(현재 50배)를 고려하면 옵션 1계약의 가치는 개인에게 부담스러운 수준이다. 이런 부담을 경감시키면서 옵션에 대한 접근성을 높인 것이 바로 ELW이다. ELW는 거래소에 증권으로 상장되어 거래되기 때문에 증권계좌에서 주식처럼 쉽게 매수할 수 있고, 전환비율제도 도입으로 ELW 1개의 가격이 대폭 낮아져 소량의 금액으로 투자할 수 있다. 한 예로 전환비율이 0.1인 삼성전자 Call ELW 1개를 매수하면 삼성전자 주식 1/10주를 살 수 있다. ELW의 접근성이 높아졌다 하더라도 ELW 역시 옵션이기 때문에 투자위험이 높을 수밖에 없다. 이런 이유로 개인투자자의 ELW거래는 매수와 매수한 ELW의 환매도만 허용되고 있다.

ELW시장의 참여자로 투자자, 발행자, LP가 있다. LP(Liquidity

Provider)는 유동성 공급자로 ELW의 매수/매도 호가를 제시하면서 투자자의 거래를 받아주는 역할을 하고 있다. 유동성이 떨어지면 제 값에 매매하기 어렵기 때문에 ELW에 있어 LP의 역할은 매우 중요하다.

LP가 아무리 제 역할을 다한다 하더라도 국내 ELW시장의 특성상 가격의 급변동은 피하기 어렵다. ELW 투자자 대부분이 개인투자자이고, 이들의 투자목적은 위험관리(hedge)나 차익거래(arbitrage)가 아닌 단순 투기(speculation)이기 때문에 베팅적 투자행태를 보이고 있다. 감에 의해 투자를 하다 보니 내재가치에 비해 비싼 가격으로 매수한 후 작은 가격의 움직임에도 환매도를 하는 경향이 많다. 반면, LP들은 내재가치에 비해 낮은 가격에 사서 높은 가격에 팔기 때문에 거래량이 많을수록 이익이 발생할 확률이 높아진다. 즉, ELW 시장이 과열될수록 개인들의 손실은 증가하는 반면, 증권사들의 ELW 수익은 증가하는 경향이 있다.


## ■ ELS란 무엇인가?

2000년대 후반 자산관리시장을 대표하는 핵심 키워드로 펀드와 ELS를 들 수 있다. 펀드는 금융위기를 겪은 2008년을 정점으로 규모가 감소하는 추세이지만, ELS시장은 꾸준하게 성장해 왔다. 양적 성장과 함께 다양한 상품이 출시되면서 ELS는 이제 자산관리시장의 대표상품으로 자리매김하고 있다. ELS시장이 성장하고 남들이 다 ELS에 투자한다고 해서 무턱대고 따라서 투자할 수는 없다. ELS

는 주식이나 채권, 심지어 선물, 옵션보다 구조가 복잡한 상품이다. ELS에 대한 투자타이밍 결정, 기초자산 및 상품구조의 선택 등은 결국 본인이 하는 것이기 때문에 ELS에 대한 최소한의 지식 정도는 알아야 한다. 이후 글에서는 ELS 투자결정에 도움이 되도록 ELS의 정의, 분류, 운용방식 등을 소개하기로 한다.

ELS(Equity Linked Securities) 즉, 주가연계증권은 수익이 주가에 연계되는 증권이다. ELS 가치가 기초자산 가격인 주가에 연계되어 결정되므로 분명 파생상품이나 우리나라 법에선 증권으로 분류하고 있다. ELS와 비슷한 상품으로 ELF와 ELD가 있는데, ELF는 ELS를 편입한 펀드이고, ELD는 이자수준이 주가수준에 연계되는 예금이다. 상품의 법적 형태만 다를 뿐 기본적인 속성은 모두 동일하다.

ELS는 기초자산 수에 따라 분류될 수 있다. 흔히 시장에선 기초자산이 하나인 ELS를 Single형, 둘이면 Two Stars형, 셋 이상이면 Basket형으로 분류한다. Single형 ELS는 KOSPI200 지수를 기초자산으로 하는 상품의 비중이 압도적으로 높고, Two Stars형 ELS의 경우는 대부분 지수 쌍(예 KOSPI200_HSCEI)이나 대형주 종목 쌍(예 삼성전자_현대차)으로 구성되어 있다.

ELS는 수익구조 방향에 따라 구분될 수도 있다. 주가하락 시 수익에 유리한 하락형, 주가상승 시 유리한 상승형, 일정 수준까지 주가상승이 유리하지만, 그 수준을 초과하면 수익이 불리해지는 낙아웃형으로 구분된다. 국내발행 ELS의 대부분은 상승형이고, 그 중 가장 대표적인 형태는 여러 번의 조기상환 기회를 갖고, 조기상환에 대

한 행사가격이 기간경과에 따라 점차 낮아지는 Step Down Multi Chance형이다.

ELS를 발행하는 증권사가 ELS 투자자에게 지급할 수익을 창출하는 방식은 크게 세 가지로 나뉜다. 하나는 동일한 수익구조를 갖는 ELS를 다른 회사로부터 매입한 후 일정 수수료를 받으면서 재판매하는 방식이다. 두 번째는 ELS의 수익을 결정하는 부분만 외부에서 매입하고 나머지 부분은 발행사가 채권을 매입하여 수익을 창출하는 방식이다. 이 두 방식은 ELS의 근본적 가격위험을 외부에 전가시키기 때문에 증권사 입장에서는 가격위험에 대해 안전하나 수익성이 다소 떨어지는 단점이 있다. 중소형 증권사의 경우 대부분 이 두 방식을 쓰고 있으며, 대형사의 경우도 위험분산 차원에서 발행물량의 상당 부분을 이 방식으로 운용하고 있다.

세 번째 방식은 발행사가 판매된 ELS의 수익구조를 직접 복제하여 운용하는 방식으로 흔히 자체헤지 운용이라 불린다. 발행사는 주식, 선물, 채권을 활용하여 금융공학기법인 델타헤징(Delta Hedging) 방식으로 ELS의 수익을 복제한다. 고객의 입장에서는 주가변동의 방향성 즉, 주가가 오르는 게 중요하지만, 발행사는 주가가 떨어질 때 주식을 사서 오를 때 주식을 파는 방법으로 수익을 창출하기 때문에 주식의 변동성이 더 중요하다. 즉, 주식의 변동성이 클수록 발행사에게 유리하다. 주가 변동성이 전체적으로 작은 수준일 때 ELS 수익 수준이 낮은 이유는 발행사가 주식시장을 통해 창출할 수 있는 수익 규모가 그만큼 작기 때문이다.

## ■ ELS 유형 하나–Step Down Multi Chance 기본형

요즘 발행되는 ELS의 가장 대표적 유형은 Step Down Multi Chance 구조이다. 본 상품은 만기 전 여러 번의 조기상환 기회를 갖고, 시간이 경과할수록 조기상환의 기준가격(행사가격)이 낮아지는 상품이다. 고객에게 유리하도록 설계된 상품이므로 가격의 균형을 맞추기 위해 하락한계가격을 설정하고 있다. 구체적 상품 특성을 표 6-7의 사례를 통해 살펴보도록 하자.

표 6-7 상품의 경우 그림 6-7과 같이 네 가지 유형의 수익이 발생한다. 첫 번째 수익 유형은 조기상환이 되는 경우(Case 1)이다. 사례로 발행 후 12개월 시점에서 조기상환이 되는 상황을 살펴보자. 조기상환 결정일 삼성전자의 종가는 135만원으로 최초기준가의 90% 수준, 현대차 종가는 21만원으로 최초기준가의 105% 수준이다. 두 종목 모두 조기상환의 행사가격(최초기준가의 85%) 이상이므로 조기상환이 확정되어 원금과 12%의 수익이 지급된다.

두 번째 수익 유형은 조기상환이 되지 않았으나, 두 종목 모두 최종기준가가 만기일 행사가격(최초기준가의 80%) 이상이 되는 경우(Case 2)이다. 삼성전자의 만기일 최종기준가가 135만원으로 최초기준가의 90% 수준, 현대차의 최종기준가가 20만원으로 최초기준가의 100% 수준이라면 두 종목 모두 최종기준가가 행사가격(최초기준가의 80%) 이상이므로 원금과 연 12% 수익 즉, 원금의 124%가 지급된다.

세 번째 수익 유형은 조기상환이 되지 않고, 만기일 적어도 한 종

목의 최종기준가가 만기일 행사가격(최초기준가의 80%) 미만이지만, ELS 투자기간에 걸쳐 두 종목 모두 종가가 하락한계가격(최초기준가의 60%) 밑으로 내려간 적이 없는 경우(Case 3)이다. 삼성전자의 최종기준가가 135만원으로 최초기준가의 90% 수준, 현대차의 최종기준가가 14만원으로 최초기준가의 70% 수준이라 가정해보자. 현대차의 경우 만기일 행사가격(최초기준가의 80%) 미만이지만, 두 종목 모두 하락한계가격 밑으로 내려간 적이 없기 때문에 이 경우도 마찬가지로 원금과 연 12% 수익 즉, 원금의 124%가 지급된다.

마지막으로 조기상환이 되지 않고, 적어도 한 종목의 최종기준가가 만기일 행사가격(최초기준가의 80%) 미만이며, ELS 투자기간에 걸쳐 적어도 한 종목의 종가가 하락한계가격 밑으로 내려간 적이 있는 경우(Case 4)이다. 삼성전자의 최종기준가가 105만원으로 최초기준가의 70% 수준, 현대차의 최종기준가가 12만원으로 최초기준가의 60% 수준이라 가정해 보자. 두 종목 모두 만기일 행사가격(최초기준가의 80%) 미만이고, 적어도 한 종목이 하락한계가격 밑으로 내려간 적이 있기 때문에 두 종목의 (최종기준가/최초기준가) 비율 즉, 70%와 60% 중 더 작은 비율인 60%를 기준으로 원금의 60%를 고객에게 지급하게 된다. 즉, 40%의 원금손실이 발생하는 것이다.

**[표 6-7]** 원금비보장형 Step Down Multi Chance ELS

| | |
|---|---|
| 기초자산 | 삼성전자 및 현대차 주식 |
| 최초 기준가격 | 삼성전자 1,500,000원, 현대차 200,000원 |
| 최종 기준가격 | 만기일(포함) 직전 3일의 종가 평균 |
| 조기상환 결정일 및 만기일 | 조기상환 결정일은 발행 후 4, 8, 12, 16, 20개월 시점, 만기일은 발행 후 2년 시점 |
| 행사가격 | 조기상환 결정일 : 최초기준가의 90%, 90%, 85%, 85%, 80%<br>만기일 : 최초기준가의 80% |
| 조기상환 | 두 종목의 조기상환 결정일 종가 모두 해당일의 행사가격 이상인 경우 : 원금과 연 12% 수익 지급 |
| 만기상환 | 조기상환이 되지 않고,<br>1) 두 종목의 최종기준가 모두 만기일 행사가격 이상인 경우 : 원금과 연 12%(총 24%)의 수익 지급<br>2) 적어도 한 종목의 최종기준가가 만기일 행사가격 미만인 경우 : ELS전 투자기간에 걸쳐 두 종목 모두 당일 종가가 하락한계가격 밑으로 내려간 적이 없으면 원금과 연 12%(총 24%)의 수익 지급. 적어도 한 종목의 종가가 하락한계가격 밑으로 내려간 적이 있으면 두 종목의 (최종기준가/최초기준가) 비율 중 더 작은 값에 원금을 곱한 금액을 지급(원금손실 발생) |
| 하락한계가격 | 최초기준가의 60% |

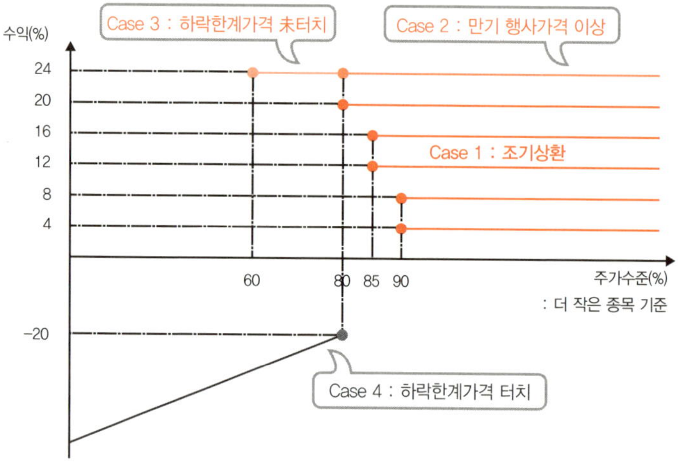



[그림 6-7] 원금비보장형 Step Down Multi Chance ELS 수익 유형

## ■ ELS 유형 둘 — 월지급식 Step Down Multi Chance 형

최근에는 Step Down Multi chance 구조를 기본으로 유지하면서 수익을 월마다 지급하는 월지급식 ELS가 많이 발행되고 있다. 조기퇴직 등으로 월지급식 상품의 수요가 늘고 있는데다 2013년 세제 개편에서 종합과세 대상 금융소득이 4,000만원에서 2,000만원으로 축소되면서 수익 지급이 분산되는 월지급식 ELS의 인기가 높아지고 있다.

기존의 Step Down ELS는 조기상환이 되거나 만기일에 수익이 발생하는 경우 수익을 일시에 지급하지만, 월지급식 ELS는 매월 수익 지급 여부를 판단하여 수익 지급 조건을 충족하는 경우 일정 수익을 지급하게 된다. 조기상환의 판단은 월수익 지급여부와 별개로 이루어

지는데, 조기상환 결정일에 조기상환 조건이 충족되면 원금을 지급하고 상품이 종료된다. 조기상환이 되지 않았을 경우 만기일에는 최종기준가 수준과 ELS 투자기간 동안 하락한계가격 터치 여부에 따라 원금이 지급될 수도 있고, 원금손실이 발생할 수도 있다.

표 6-8의 사례를 통해 월지급식 ELS의 수익유형을 살펴보도록 하자. 먼저 조기상환결정일이 아닌 중간수익 지급결정일의 경우이다. 삼성전자의 종가가 135만원으로 최초기준가의 90% 수준, 현대차 종가가 13만원으로 최초기준가의 65% 수준이라 가정하자. 현대차의 경우 중간수익 지급조건(최초기준가의 70% 이상)을 만족하지 못하기 때문에 이 달에는 중간수익이 지급되지 않는다. 반면, 동일한 날에 현대차의 주가가 16만원으로 최초기준가의 80% 수준이라면 두 종목 모두 중간수익 지급조건을 만족하기 때문에 원금의 1%에 해당하는 중간수익이 지급된다.

다음은 조기상환 결정일의 경우이다. 1년 후 조기상환 결정일에 삼성전자 종가가 135만원으로 최초기준가의 90% 수준, 현대차 종가가 13만원으로 최초기준가의 65% 수준이라 가정하자. 현대차 종가가 해당일의 조기상환 행사가격(최초기준가의 85%) 미만이기 때문에 조기상환이 되지 않는다. 중간수익 역시 현대차가 지급기준인 최초기준가의 70% 이상 조건을 만족하지 못하기 때문에 지급이 되지 않는다. 동일한 날에 현대차 종가가 16만원으로 최초기준가의 80% 수준이라면 조기상환 기준은 충족하지 못한다 하더라도 중간수익 지급기준인 최초기준가의 70% 이상 조건을 두 종목 모두 충족하기 때문에 1%의 중간수익이 지급된다. 반면, 현대차 종가가 18만원으로 최초기준가의

90% 수준이라면 두 종목 모두 조기상환 조건과 중간수익 지급조건을 충족하기 때문에 원금과 1%의 중간수익이 지급되고 조기상환이 된다.

마지막으로 만기일까지 조기상환이 되지 않는 경우이다. 삼성전자의 최종기준가가 135만원, 현대차의 최종기준가 18만원으로 모두 최초기준가의 90% 수준인 상황을 가정하자. 이때는 두 최종기준가 모두 만기일 행사가격(최초기준가의 80%) 이상이기 때문에 수익 지급조건이 자동 충족되어 원금과 1%의 월수익이 지급되고 만기종료된다. 동일한 날에 현대차의 최종기준가가 15만원으로 최초기준가의 75% 수준인 상황을 살펴보자. 일단 두 종목 모두 중간수익 지급기준인 최초기준가의 70% 이상 조건을 충족하기 때문에 1%의 월수익이 지급된다. 반면, 현대차의 최종기준가는 최초기준가의 75% 수준으로 행사가격(최초기준가의 80%) 미만이므로 ELS 투자기간 내 하락한계가격의 터치여부에 따라 원금지급 여부가 결정된다. 투자기간에 걸쳐 두 종목의 종가가 하락한계가격(최초기준가의 60%) 밑으로 하락한 적이 없으면 원금과 1%의 월수익이 지급되고, 적어도 한 종목의 종가가 하락한계가격 밑으로 하락한 적이 있으면 두 종목의 (최종기준가/최초기준가) 비율 즉, 90%와 75% 중 더 작은 비율인 75%를 기준으로 원금의 75%와 1%의 월수익 즉, 원금의 76%가 지급되고 종료된다. 이때는 원금손실(24%)이 발생한다.

반면, 현대차의 최종기준가가 13만원으로 최초기준가의 65% 수준이라면 현대차가 최초기준가의 70% 이상인 월수익 지급조건을 충족하지 못하게 되어 마지막 월수익은 지급되지 않는다. 또한 현대차의

최종기준가는 행사가격(최초기준가의 80%) 미만이므로 ELS 투자기간 내 하락한계가격의 터치여부에 따라 원금지급 여부가 결정된다. ELS 투자기간에 걸쳐 두 종목의 종가가 하락한계가격(최초기준가의 60%) 밑으로 하락한 적이 없으면 원금만을 지급하게 되고, 적어도 한 종목의 종가가 하락한계가격 밑으로 하락한 적이 있으면 두 종목의 (최종기준가/최초기준가) 비율 즉, 90%와 65% 중 더 작은 비율인 65%을 기준으로 원금의 65%가 지급된다. 즉, 35%의 원금손실이 발생한다.

앞서 말한 ELS의 수익유형을 통해 알 수 있듯이 월지급식 ELS의 장점은 매월 일정 수익을 확보할 수 있다는 점이다. 기존 ELS는 만기일에 원금손실이 발생하는 경우 투자자가 최초기준가 대비 하락률만큼 손실을 떠안는 구조이지만, 월지급식 ELS는 만기에 원금손실이 발생하더라도 앞서 수령한 월수익으로 일정 부분을 보전할 수 있다. 반면, 월지급식 ELS의 단점이라면 월수익이 지급되지 않는 달이 있을 수 있다는 점이다. 기존 ELS는 조기상환 및 만기상환 조건이 충족되면 전체 수익을 일시에 지급하기 때문에 월지급식 ELS에 비해 누적수익이 더 클 수 있다.

월지급식 ELS와 기존 ELS 모두 장단점이 있기 때문에 투자자는 자신의 기호에 맞는 상품을 선택하면 된다. 월급과 같이 매월 일정 수익을 원하고 예상 손실범위를 좁게 설정하고자 하는 투자자는 월지급식 ELS을 선택하면 되고, 예상 손실범위가 넓더라도 좀 더 높은 예상 수익을 일시에 지급받길 원하는 투자자는 기존 ELS를 선택하면 될 것이다.

**[표 6-8]** 월지급식 Step Down Multi Chance ELS

| | |
|---|---|
| 기초자산 | 삼성전자 및 현대차 주식 |
| 최초 기준가격 | 삼성전자 1,500,000원, 현대차 200,000원 |
| 최종 기준가격 | 만기일(포함) 직전 3일의 종가 평균 |
| 중간수익 지급결정일 | 발행 후 1, 2~22, 23개월 시점(매월 주기) |
| 중간수익 지급 | 매월 중간수익 지급결정일에 두 종목의 종가 모두 최초기준가의 70% 이상이면 1%의 수익 지급 |
| 조기상환 결정일 및 만기일 | 조기상환 결정일은 발행 후 4, 8, 12, 16, 20개월 시점, 만기일은 발행 후 2년 시점 |
| 행사가격 | 각 조기상환 결정일 : 최초기준가의 90%, 90%, 85%, 85%, 80%<br>만기일 : 최초기준가의 80% |
| 조기상환 | 두 종목의 조기상환 결정일 종가가 모두 해당일 행사가격 이상인 경우 : 원금+1% 수익 지급 |

| | |
|---|---|
| 만기상환 | 조기상환이 되지 않고,<br><br>1) 두 종목의 최종기준가가 만기일 행사가격 이상인 경우: 원금+1% 수익 지급<br><br>2) 적어도 한 종목의 최종기준가가 만기일 행사가격 미만이고, 두 종목의 최종기준가가 모두 최초기준가의 70% 이상인 경우 : ELS 투자기간 동안 두 종목 모두 종가가 하락한계가격 밑으로 내려간 적이 없는 경우 원금과 1% 수익 지급, 적어도 한 종목의 종가가 하락한계가격 밑으로 내려간 적이 있는 경우 두 종목의 (최종기준가/최초기준가) 비율 중 더 작은 값에 원금을 곱한 금액(원금손실 발생)과 1% 수익 지급<br><br>3) 적어도 한 종목의 최종기준가가 최초기준가의 70% 미만인 경우 : ELS 투자기간 동안 두 종목 모두 종가가 하락한계가격 밑으로 내려간 적이 없는 경우 원금 지급, 적어도 한 종목의 종가가 하락한계가격 밑으로 내려간 적이 있는 경우 두 종목의 (최종기준가/최초기준가) 비율 중 더 작은 값에 원금을 곱한 금액(원금손실 발생)을 지급 |
| 하락한계가격 | 최초기준가의 60% |

[그림 6-8] 월지급식 Step Down Multi Chance ELS의 월수익

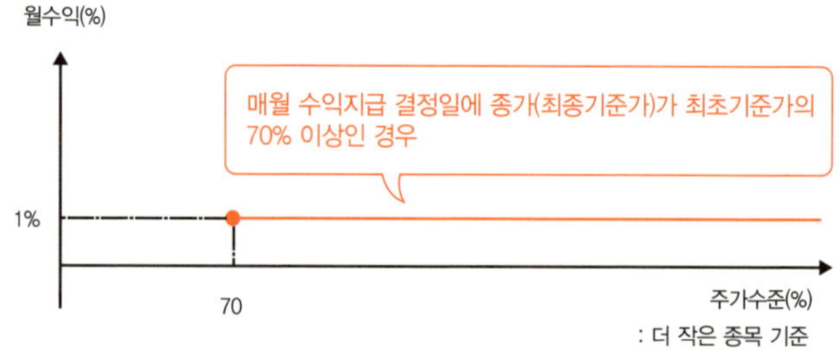


[그림 6-9] 월지급식 Step Down Multi Chance ELS의 원금손실률

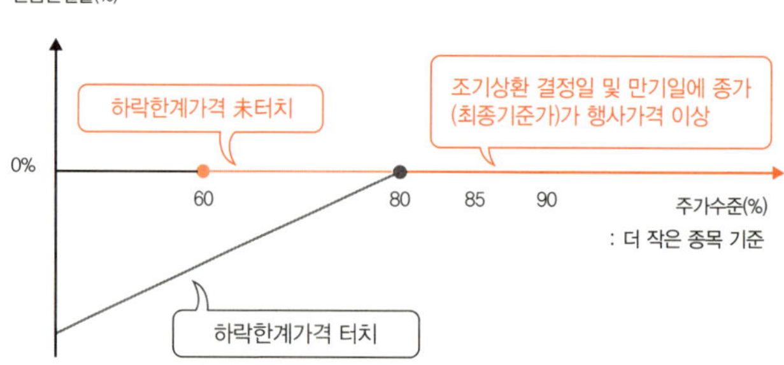


## ■ 자산배분의 ELS투자

ELS는 자산배분 관점에 있어서 어떤 위치에 있을까? 직관적으로
판단한다면 주식과 채권 사이라 할 수 있을 것이다. 주식보다는 기대
수익률이 낮지만 덜 위험하고, 채권보다 기대수익률이 높지만 더 위
험한 상품 정도로 평가할 수도 있겠다. 하지만 ELS는 주식과 채권
사이 이상의 중요한 역할을 하고 있다. 주식시장에 관심이 있지만 주
가변동에 민감한 투자자에게 딱 맞는 상품이기 때문이다. 원금보장

형 ELS는 물론 원금비보장형 ELS도 주가가 특정 수준 이하로 하락하지 않으면 사전에 제시된 수익을 지급하기 때문에 주가변동에 상대적으로 덜 민감하다. 이렇듯 ELS는 주가하락에 대한 염려를 일정수준 이하로 제한시키면서 주식시장에서 투자할 수 있는 상품 특성을 갖고 있어, 폭 넓은 계층의 투자자가 ELS에 관심을 보이고 있다.

ELS의 고금리도 자산배분 상품으로서의 매력을 높이는 요소이다. 원금비보장형 ELS는 종목에 따라 연 6~25% 수준의 금리를 제공하고, 원금보장형 ELS도 일반적으로 시중은행 정기예금에 비해 연 1~2%p 금리를 더 제공한다. 추가금리는 ELS를 발행하는 증권사의 신용위험과 ELS만의 고유위험에 대한 대가이기도 하다. ELS는 증권사가 발행하는 일종의 채권이고, 증권사는 일반적으로 은행에 비해 신용도가 낮기 때문에 ELS에 신용보상 금리가 더 가산될 수밖에 없다.

ELS의 고유위험은 기회손실로 볼 수 있다. 주식의 경우 주가가 상승할 경우 그 상승 분을 투자자가 모두 이익으로 취하고, 손실이 발생하더라도 계속 보유하면 언젠가 회복할 수 있는 기회가 있다. 하지만 ELS는 만기에 손익이 확정되면 그것으로 끝이기 때문에 기회손실이 발생하고, 이 기회손실이 ELS의 고금리 요인으로 작용한다.

ELS는 자산배분 측면에서 볼 때 목돈 마련보다 목돈 운용에 더 적합한 상품이다. 고금리 수익을 기대하면서 가격의 하방위험을 일정수준으로 한정시킬 수 있기 때문이다. ELS투자는 특히 적립식펀드와 연계될 때 높은 시너지 효과를 발휘할 수 있다. 앞서 언급한 것처럼 적립식펀드는 목돈을 마련하는데 가장 이상적인 상품이다.

적립식펀드로 꾸준히 투자하면 일정수준 이상의 금액을 적립할 수 있고, 시장수준이 평균매수단가 이상으로 상승하면 이익까지 얻을 수 있다. 목표금액까지 적립하고 일정 수준 이상의 평가익이 발생했으나, 향후 보합장이나 점진적인 하락장이 예상될 때에는 펀드를 환매하여 ELS로 갈아타는 것도 좋은 방법이다. 적립식펀드를 계속 유지하면 현 상태를 유지하거나 주가하락으로 손실이 발생할 수도 있지만, ELS로 갈아타면 주가가 급락하지 않는 이상 환매금액을 유지하면서 일정 수준 이상의 수익을 확보할 수 있기 때문이다. 적립식펀드+ELS투자는 자산배분 측면에서 가장 궁합이 잘 맞는 투자조합이다.


## ■ ELS 투자가이드

ELS는 그간 고위험상품으로 각인되면서 개인들의 ELS투자가 자의 반 타의 반으로 제한되어 왔다. 사실 2003년 이후 ELS시장이 성장하는 동안 이의 혜택을 본 것은 대부분 거액자산가들이었다. 이들이 사모방식의 ELS투자로 많은 이익을 보고 있을 때 개인들은 실질적으로 위험이 더 큰 주식시장에 머물고 있었다. 정말 아이러니하고 아쉬운 대목이다. 다행히도 최근 2~3년 전부터 ELS투자가 대중화되고 투자자 저변이 확대되면서 개인들도 ELS의 혜택을 누리고 있다. 물론 투자손실을 입은 투자자도 있겠지만, ELS가 자산배분 관점에서 더 넓은 선택권을 제공하여 투자자의 편익을 높인 것은 확실하다. ELS 대중화 투자시대에 개인투자자들이 ELS에 투자하는데 있

어 실질적인 도움을 주기 위해 QnA 형식의 ELS 투자가이드를 마련하였다.

**Q1** ELS는 상승장에서 가장 좋은 투자상품인가요?

**A1** 아닙니다. 상승장에서는 주식, 펀드, ELS 순으로 매력도가 높습니다. ELS는 기초자산 가격이 행사가격을 초과하여도 고정된 수익(률)을 지급하기 때문에 상승장에 가장 효율적인 상품이라 보긴 어렵습니다.

**Q2** ELS의 가장 중요한 투자포인트는 무엇인가요?

**A2** 기초자산 선정입니다. 주가가 급락할 가능성이 작은 기초자산을 선택하는 것이 가장 중요합니다. ELS는 주가가 행사가격을 초과하여도 일정 금리의 수익을 지급하고, 주가가 하락한계가격 밑으로 하락하지 않으면 마찬가지로 일정 금리의 수익을 지급하기 때문에 과열종목보다 급락 가능성이 낮은 종목에 투자하는 것이 좋습니다.

**Q3** 제시수익(률)이 높은 ELS와 조기상환 가능성이 높은 ELS 중 어느 것이 더 유리한가요?

**A3** 제시수익(률)이 좀 낮더라도 조기상환 가능성이 높은 ELS가 더 유리합니다. 제시수익(률)이 높다는 것은 기초자산의 변동성이 높아 그만큼 조기상환 확률이 낮다는 것입니다. 만기까지 유지하는 것보다 조기상환을 통해 ELS 수익을 취득하고, 이를 바탕으로 다른 ELS나 기타자산에 재투자 할 수 있는 기회를 얻는 것이 더 낫습니다.

**Q4** 가장 좋은 ELS 투자시기는 언제입니까?

**A4** 기초자산의 주가가 연중 최저점 수준으로 급락한 후 고점 대비 10~20% 수준을 회복한 시기가 가장 좋습니다. 저점을 확인함으로써 급락가능성을 줄이고, 10~20% 상승모멘텀에서 조기상환을 기대하는 전략입니다. 이때는 급락 영향으로 기초자산의 변동성이 높은 상태이기 때문에 높은 제시수익(률)을 기대할 수도 있습니다. 일반적으로 변동성이 높으면 고객에게 불리하여 제시수익(률)이 높게 설정되기 때문입니다.

**Q5** 기초자산이 둘인 Two Stars ELS의 경우 종목간 주가 상관도가 중요합니까?

**A5** Two Stars ELS에서 종목간 주가 상관도 즉, 상관계수는 매우 중요합니다. 결론적으로 말하자면 기초자산 주가의 상관성이 높을수록 투자자에게 유리합니다. 표 6-9의 예는 이런 관계를 잘 보여주고 있습니다. 표 6-9는 만기까지의 주가변동을 두 경우로 즉, 행사가격 이상의 상승과 하락한계가격 미만의 하락으로 단순화하고, 상승 및 하락 확률을 각각 50%로 가정했습니다. 그리고 이런 가정 하에 두 종목의 상관도 수준에 따라 발생할 수 있는 주가변동의 경우와 손실확률을 살펴보았습니다.

A, B 종목의 주가 상관도가 100%일 경우는 항상 같은 방향으로 주가가 움직이기 때문에 두 종목 모두 상승하거나 하락하는 경우밖에 없습니다. 두 종목의 상관도가 −100%일 경우는 항상 반대로 움직이기 때문에 한 종목이 하락하면 다른 종목은 상승하는 두 가지 경

우만 존재합니다. 반면, 상관도가 0일 경우는 두 종목의 주가가 별개로 움직이기 때문에 네 가지 주가 패턴이 모두 발생할 수 있습니다.

ELS는 한 종목만 하락한계가격 밑으로 떨어져도 손실이 발생하기 때문에 하락하는 경우가 많을수록 손실확률은 높아지게 됩니다. 즉, 주가 상관도가 100%일 때는 두 경우 중 한 경우가 손실상태이므로 손실확률은 50%입니다. 반면, 주가 상관도가 −100%일 때는 가능한 두 경우 모두 손실상태이므로 손실확률은 100%가 됩니다. 표 6-9의 손실확률은 50~100% 범위에 있고, 주가 상관도가 높아질수록 손실확률이 낮아지는 즉, 수익성이 높아지는 특성을 보이고 있습니다.

**[표 6-9]** 종목간 상관도와 ELS 수익성 관계

| 구 분 | A, B 상관도 | | | | | |
|---|---|---|---|---|---|---|
| | 100% | | 0% | | −100% | |
| 주가변동 | A↑, B↑ | | A↑, B↑ | A↑, B↓ | | A↑, B↓ |
| | | A↓, B↓ | A↓, B↑ | A↓, B↓ | A↓, B↑ | |
| 손실확률 | 50% | | 75% | | 100% | |
| 상관성과 수익성 | 높음  상관성 & 수익성  낮음 | | | | | |

물론 실제 상황에서는 주가가 더 다양하게 변동하기 때문에 손실확률 범위는 50~100%보다 절대적으로 작게 나타나지만, 주가 상관도가 높아질수록 수익성이 높아지는 상관도와 수익성의 방향 관계는

그대로 유지됩니다. 따라서 실제투자에서도 주가 상관도가 높은 기초자산 쌍으로 구성된 ELS가 유리합니다. 이런 특성으로 인해 발행회사는 종목간 주가 상관도가 높은 ELS의 경우 제시수익(률)을 상대적으로 낮게 설정합니다. 상관도 이외 다른 조건이 모두 동일한 경우 삼성전자/LG전자 주가 상관도가 삼성전자/SK이노베이션 주가 상관도보다 높기 때문에 삼성전자/LG전자를 기초자산으로 하는 ELS의 제시수익(률)이 더 낮게 책정됩니다. 이런 점을 고려하여 기초자산들의 주가 상관도가 현재는 낮은 수준이나 향후 높아질 것으로 기대되는 ELS에 투자하는 것이 좋습니다.

**Q6.** ELS 투자자가 가장 오해하는 부분은 무엇입니까?

**A6.** 손실확정 부분입니다. ELS 투자기간 중 기초자산 종가가 하락한계가격 밑으로 내려간 적이 있다 할지라도 손실이 확정되는 건 아닙니다. 하락한계가격 밑으로 내려간 적이 있더라도 다음 조기상환일 및 만기일에 모든 종목의 종가(최종기준가)가 행사가격 이상이면 약속된 수익을 제공합니다. 손실이 최종 확정되기 위해서는 ELS 투자기간 중 기초자산 종가가 하락한계가격 이하로 내려간 적이 있고, 만기일에 최소한 한 종목의 최종기준가가 행사가격 미만이어야 합니다.

**Q7.** 중도환매하지 않고 만기까지 기다려야 하나요?

**A7.** 꼭 그런 것은 아닙니다! 환매 역시 ELS투자의 중요한 기술입니다. 기초자산 종가가 하락한계가격 밑으로 내려간 적이 있고, 현재

모든 종목의 주가가 조기상환 혹은 만기일 행사가격 이상이라면 만기까지 기다라는 것보다 중도환매하는 것이 더 나을 수 있습니다. 계속 기다리다 만기일 종가가 행사가격 밑으로 하락하면 결국 손실이 확정되기 때문입니다. 또한 조기상환이 확실시될 정도로 주가가 상승되어 있고, 좋은 대체투자자산이 존재하는 경우도 환매를 고려할 수 있습니다. 중도환매 시 소정의 수수료 비용이 발생하나 좋은 투자기회를 포기하는 기회비용에 비하면 크지 않은 수준이기 때문입니다.

## ■ DLS 더 알기

2008년 금융위기 이후 주춤했던 DLS(Derivatives Linked Securities) 시장이 다시 살아나고 있다. 발행종목 및 발행량이 점차 늘고 있는 것이다. 기초자산에 대한 낯섦과 이해의 어려움, 증권사의 ELS영업에 대한 선택과 집중으로 그동안 DLS가 ELS에 밀려 있었던 것도 사실이지만, 역설적으로 국내 ELS 시장의 성공은 DLS 시장의 성공을 예감케 한다. DLS는 기초자산 및 구조가 다양하여 상품성 측면에서 ELS에 결코 뒤지지 않기 때문이다. 단지 DLS에 대한 투자자의 관심과 투자열기가 조금 모자란 상태일 뿐이다. 하지만 저금리 시대의 지속과 다가오는 고령화 시대는 DLS의 매력을 부각시키고 있기 때문에 DLS에 대해 꾸준히 관심을 가질 필요가 있다.

DLS는 흔히 파생결합증권으로 불린다. 파생이란 말에 흠칫 놀랄 수도 있겠지만, ELS와 마찬가지로 '채권+파생상품' 형태로 국내에서는 증권으로 분류된다. 사실 ELS도 DLS의 일종이지만 시장에서는

기초자산이 개별주식, 주가지수 등 지분자산인 경우 ELS로 분류하고, 지분자산 이외 금리, 신용, 환율, 유가, 농산물 등을 기초자산으로 하는 경우 DLS로 분류하고 있다.

투자자는 DLS를 통해 금리, 신용, 원자재, 농산물 분야에 투자할 수 있고, 기존 투자자산과의 분산효과도 기대할 수 있다. 특히, 원자재, 농산물을 기초자산으로 하는 DLS의 경우 인플레이션에 대한 보험효과가 있기 때문에 인플레이션에 취약한 금융투자상품의 보완재로 사용되기도 한다. 한편 원자재, 농산물을 주원료로 사용하는 기업들은 원자재가격의 상승을 헤지하기 위해 DLS에 투자하기도 한다. 옥수수를 주원료로 사료를 생산하는 기업은 옥수수를 기초자산으로 하는 DLS에 투자함으로써 옥수수가격 상승에 따른 생산원가 부담을 DLS 수익으로 보전할 수 있다.

DLS에 투자하는데 있어 가장 중요한 것은 기초자산에 대한 이해이다. 동일한 구조의 상품일지라도 기초자산에 따라 상품의 성격과 제시수익(률)이 크게 달라질 수 있다. 기초자산 가격의 변동성이 다르고 기초자산 거래의 유동성 특성 역시 서로 다르기 때문이다. 따라서 DLS 투자에 성공하기 위해서는 기초자산에 대한 이해가 선행되어야 한다.

금리DLS는 CD금리 등의 금리를 기초자산으로 하는 DLS이다. 흔히 증권사에서 취급하는 상품은 DLS 이름으로, 은행과 공기업에서 발행하는 상품은 변동금리채권의 이름으로 거래된다. 국내에서 발행되는 대부분의 금리DLS 구조는 채권과 같이 원금을 보장하면서 주기적으로 이자를 지급하는 형태이다. 제시금리는 ELS에 비해 다소

낮은 수준인데, 금리의 변동성이 일반적으로 주가변동성보다 낮아 증권사가 헤지운용으로 얻을 수 있는 수익 수준이 낮기 때문이다.

신용DLS는 특정 기업의 신용상태를 기초자산으로 하는 DLS로 흔히 신용연계증권(CLN : Credit Linked Note)이라 불리기도 한다. 신용DLS에서는 신용사건의 발생 여부에 따라 수익 패턴이 크게 달라지기 때문에 신용사건 개념이 무엇보다 중요하다. 일반적인 신용 DLS의 신용사건은 기업의 도산, 지급실패, 채무불이행, 채무재조정 등을 포함한다. 신용DLS는 기초자산 기업의 신용사건이 발생하지 않으면 고정이자를 지급하고, 신용사건이 발생하면 DLS 발행 시 설정된 기준채권(기초자산 기업이 발행한 채권 등)의 손실(부실화) 비율만큼 DLS 투자자가 손실을 부담한다. 즉, 신용사건 발생 시 기준채권의 손실률이 70%이면 DLS투자자는 70%의 손실을 부담하여 원금의 30%만을 상환받게 된다. 기준채권이 원화가 아닌 달러표시 채권인 신용DLS도 종종 발행되는데, 이 경우 특히 주의가 필요하다. 이런 신용DLS의 경우 신용사건이 발생하면 기초자산 기업의 재무상태는 물론 환율효과(원·달러 환율의 상승)까지 기준채권의 손실률에 반영되어 손실률이 100%까지 높아질 수 있기 때문이다.

신용DLS의 경우 신용사건 발생 시 손실 수준이 높기 때문에 금리 DLS에 비해 제시금리 수준이 높은 편이다. 신용DLS의 제시금리 수준은 기초자산의 신용상태에 직접적으로 연계되며, 기초자산의 신용상태가 나쁠수록, 기초자산의 수가 많을수록 높아진다. 최근 기초자산이 4~5개인 신용DLS들이 고금리로 포장되어 판매되곤 하는데, 기초자산의 수가 많은 만큼 그 위험수준도 높기 때문에 수익/위험 관

점에서 합리적으로 검토하고 투자해야 한다.

금리, 신용 이외 환율, 원자재, 농산물 등을 기초자산으로 하는 DLS도 많이 발행되고 있다. 환율을 기초로 하는 DLS는 주로 기관을 대상으로 발행되고, 원자재 및 농산물을 기초로 하는 DLS는 개인 및 기관을 대상으로 주로 발행되고 있다. 이들 DLS의 발행구조는 대부분 낙아웃(knock out) 및 스탭다운(step down) 형태인데, 리베이트 낙아웃형 구조의 발행빈도가 높은 편이다.

표 6-10의 상품은 원금을 보장하면서 기초자산 가격의 제한적 상승을 기대하는 리베이트 낙아웃형 상품이다. DLS 투자기간 중 기초자산의 종가가 상승한계가격을 초과한 적이 없는 경우 만기일 종가가 최초기준가의 100% 미만이면 원금만을 지급하고, 100%이상 130% 이하이면 원금과 21% 이하의 해당 수익(률)을 지급한다. 반면, 투자기간 중 종가가 상승한계가격을 초과한 적이 있는 경우 만기일 종가에 관계없이 만기일에 원금과 3%의 리베이트 수익(률)을 지급한다.

표 6-10 상품에 있어 특이한 점은 상승한계가격을 초과한 적이 없고, 만기일 종가가 최초기준가의 100~130% 범위에 있으면 가격변동률에 일정 비율을 곱한 값을 수익률로 지급한다는 것이다. 이 일정 비율을 흔히 참여율이라 부르는데, 특정 상품구조를 유지하면서 고객에게 지급하는 수익률을 조정하는 목적으로 사용된다.

참여율, 상승한계가격, 리베이트 수준은 낙아웃형 상품의 수익성을 결정하는 주요 요인인데, 이 요인이 높을수록 고객에게 유리하다. 발행사는 보통 마케팅 등의 이유로 일부 요인의 수준을 높이기도 하는데, 이 때는 다른 요인의 수준을 동시에 낮춤으로써 DLS의 상품성

과 수익성을 조절한다. 따라서 특정 요인의 수준이 절대적으로 높다고 해서 상품가치가 반드시 높은 것이 아니기 때문에 다른 요인들의 수준을 종합적으로 검토하여 DLS 투자여부를 결정해야 한다.

[표 6-10] 원금보장 낙아웃형 WTI DLS

| 기초자산 | WTI(미 텍사스 중질유) 선물의 최근월 상장물 |
|---|---|
| 만기 | 1년 |
| 상승한계가격 | 최초기준가의 130% |
| 만기지급금액 | 투자기간 중 기초자산의 종가가 상승한계가격을 초과한 적이 없는 경우<br>1) 만기일 종가가 최초기준가 미만인 경우 : 원금 지급<br>2) 만기일 종가가 최초기준가 이상이고, 상승한계가격 이하인 경우 : 원금과 기초자산 변동률에 참여율(70%)을 곱한 수익률 지급<br>투자기간 중 기초자산 종가가 상승한계가격을 초과한 적이 있는 경우 : 원금과 3%의 수익률 지급 |

[그림 6-10] 원금보장 낙아웃형 WTI DLS의 만기수익 유형

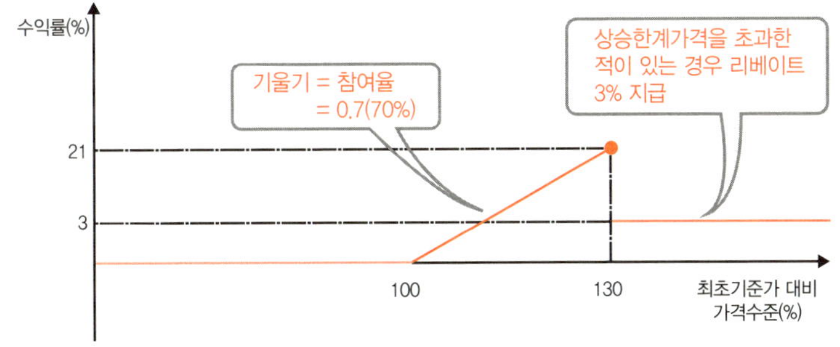

# 보험 가입

## ■ 보험의 기초

보험이란 단어를 들으면 솔직히 어떤 생각이 드는가? 꼭 필요한 것, 보장, 이런 개념이 떠오르는가? 아니면 약간 기피하고 싶은 느낌이 드는가? 아직도 많은 사람들의 머릿속에는 보험에 대한 부정적인 이미지가 남아 있다. 과거 반강제적 권유식 보험영업으로 보험산업과 시장이 성장했다는 사실은 부인할 수 없지만, 고객들의 보험에 대한 부정적 이미지와 수동적 자세를 고착화시키는 원인이 된 것도 사실이다.

여기서 중요한 것은 부정적 이미지로 인해 보험의 중요한 혜택과 기능이 폄하돼서는 안 된다는 것이다. 영업방식과 이미지 개념을 떠나 보험 자체는 인류사회에 꼭 필요한 금융수단이기 때문이다. 다행스럽게도 외환위기 이후 외국계보험사를 필두로 많은 보험사들이 보험을 인생설계와 위험관리의 수단으로 개념화하기 시작했다. 이런 노력으

로 인해 보험의 이미지 또한 크게 개선되었지만, 아직도 많은 사람들이 수동적 입장에서 보험에 가입하고 있다. 적극적 소비자로서 자신에게 꼭 필요한 보험을 필요한 만큼 가입하려면 자기 자신이 먼저 보험의 A, B, C를 알아야 한다.

보험의 기초 알기는 보험용어의 이해에서 출발한다. 보험은 일종의 사적 계약이기 때문에 일반인에게 쉽지 않은 용어들이 많이 사용된다. 보험증권(보험가입증서)은 물론 보험약관, 상품설명서 등에 공통적으로 사용되는 보험용어를 한 번만 알아두면 보험상품에 대해 쉽게 이해할 수 있기 때문에 용어에 대해 관심을 둘 필요가 있다.

보험용어 중 가장 기본적이고 중요한 용어는 계약자, 피보험자, 수익자 개념이다. 계약자란 계약의 당사자로 보험료의 납입의무를 지는 사람이고, 피보험자는 보험사고의 대상자이다. 따라서 피보험자에게 보험사고가 발생할 때 보험금 지급이 이루어진다. 수익자는 보험사고가 발생했을 때 보험회사로부터 보험금을 수취하는 사람이다. 계약자, 피보험자, 수익자가 모두 동일인일 수 있고, 각기 다를 수도 있다. 수익자로 지정된 사람이 사망했을 경우는 법정상속인이 대체 수익자가 된다.

보험금과 보험료도 혼동하기 쉬운 용어이다. 보험금은 보험사고가 발생하거나 보험의 만기가 됐을 때 보험수익자에게 지급되는 금액이고, 보험료는 보험계약자가 보험의 유지를 위해 매월 납입하는 금액이다. 보험료가 산출되는 큰 원칙은 납입되는 보험료와 보험금(사업비 포함)의 현재가치가 같도록 하는 것이다. 쉽게 말해 보험사는 고객에게 지급되는 보험금과 보험계약 유지를 위해 필요한 경비를 충당할

수 있을 만큼 보험료를 받는다는 것이다. 보험사는 미래 보험사고의 시기와 규모를 정확히 알 수 없기 때문에 통계적으로 보험금을 추정하여 보험료를 산출하게 된다.

표 6-11과 같이 보험료는 순보험료와 부가보험료로 크게 구분된다. 순보험료는 보험금 재원에 사용되는 보험료로 다시 위험보험료와 저축보험료로 세분된다. 위험보험료는 보험료의 근간으로 보험사고 발생 시 지급되는 보험금의 재원으로 사용된다. 저축보험료는 보험사고의 보장이 아닌 만기환급금의 재원을 위해 사용되는 보험료이다. 당연한 얘기지만 위험보장이 클수록 위험보험료가 높아지며, 만기환급금 비중이 커질수록 저축보험료가 높아진다. 보험가입자는 보험계약 시 위험보험료와 저축보험료의 비중을 조절할 수 있는데, 대부분의 보험상품의 경우 저축보험료의 최저 비중을 설정하고 있다. 부가보험료는 설계사 수당, 판촉비, 보험회사 인건비 등 보험계약 유지를 위한 사업비의 재원으로 사용되는 보험료이다. 상품설계 시 실질적으로 고려되나 일반적으로 보험증권 등에 직접적으로 표기하지 않고 위험보험료와 저축보험료에 포함시켜 간접적으로 표현한다.

[표 6-11] 보험료 종류 및 사용 대상

| 보험료 종류 | | | 보험료 사용 대상 |
|---|---|---|---|
| 보험료 | 순보험료 | 위험(보장)보험료 | 보험사고 발생 시 보험금 지급에 사용 |
| | | 저축(적립)보험료 | 만기환급금 지급에 사용 |
| | 부가보험료 | | 보험사 사업경비에 충당 |

배당개념도 알아둘 필요가 있다. 보험상품명이나 보험상품 광고에 자주 등장하는 '무배당'이란 용어가 궁금한 사람이 많았을 것이다. 보험계약 체결 후 실제 위험률이 예상위험률보다 작은 경우, 실제 운용수익률이 예정이율보다 높은 경우, 실제 사업비가 예정사업비보다 작은 경우 등에서 발생하는 차익을 고객에게 환급하는 상품은 유배당 상품이고, 환급하지 않는 상품은 무배당 상품이다. 무배당 상품은 해당 차익을 고객에게 환급하지 않는 대신 유배당 상품에 비해 더 나은 보험조건을 제시하곤 한다. 최근에 출시되는 대부분의 보험상품은 무배당 형태로 출시되고 있다.

제3보험이 출현하기 전 보험상품은 크게 생명보험상품과 손해보험상품으로 구분되었고, 보험사 역시 취급상품에 따라 생명보험사와 손해보험사로 구분되었다. 전통적 의미의 생명보험상품의 특징은 사람의 생사(生死)를 대상으로 보험사건 발생 시 약정(고정)된 보험금을 지급한다는 것이다. 사망보험, 연금 및 교육보험이 대표적 상품이다. 반면, 전통적 의미의 손해보험상품은 화재, 해상사고 등 재물 관련 보험사건 발생 시 실제 손실액만큼만 보험금을 지급한다. 손해보험은 실손보험이기 때문에 여러 보험사에서 동일 상품에 가입한 후 보험사건이 발생하더라도 중복지급이 되지 않는다. 즉, 전체 손해보험사의 지급보험금 합계가 발생 손실액을 초과할 수 없는 것이다. 따라서 동일한 보장을 제공하는 실손보험에 중복 가입할 필요가 없다.

1997년 제3보험 즉, 상해보험, 질병보험, 간병보험 등 건강보험이 인가되어 출시되면서 생명보험과 손해보험의 경계가 허물어지기 시작하였다. 제3보험은 사람(생명보험 특징)을 대상으로 보험사건의 손실

(손해보험 특징)을 보상하는 보험으로 생명보험과 손해보험 어느 쪽에도 속하지 않는 새로운 보험이다. 생명보험사 및 손해보험사 모두 제3보험 취급이 가능하기 때문에 양 업계는 유사한 상품을 경쟁적으로 출시해 오고 있다.

보험상품은 보장 정도에 따라 보장성보험과 저축성보험으로 구분할 수도 있다. 보장성보험은 보험사고에 대한 보장을 주목적으로 하는 보험으로 보험료의 대부분이 위험보험료로 구성된다. 종신보험, 자동차보험, 화재보험, 상해보험, 암보험 등이 대표적인 보장성보험이다. 반면, 저축성보험은 최소한의 보험기능을 유지하면서 저축기능에 초점이 맞춰진 상품으로 보험보다는 은행의 저축상품에 더 가까운 특성을 보인다. 연금보험, 교육보험 저축보험이 대표적인 저축성보험이다.


## ■ 보험상품 더 알기-보장성보험

생명보험상품 중 가장 대표적인 보장성보험은 종신보험이다. 정기보험은 특정기간에 사망하는 경우에만 보험금이 지급되지만, 종신보험은 기간에 관계없이 피보험자가 사망할 경우 보험금이 지급된다. 외환위기 전 국내 사망보험의 주류는 정기보험이었으나, 외환위기 이후 종신보험을 주력으로 하는 외국계 보험사가 약진하면서 종신보험은 사망보험의 중심상품으로 자리매김해 왔다. 종신보험의 종류에는 사망 시 고정보장금을 지급하는 전통형, 보험료 중 일부를 펀드 등에 투자하여 사망 시 기본보장금과 함께 투자성과를 지급하는 변액형,

변액구조를 유지하되 수시입출금 기능과 유연한 납입구조를 갖는 변액유니버설형이 있다. 또한 사망보장기능 이외 질병, 상해 등의 보장기능과 연금으로 전환할 수 있는 특약 등 다양한 기능이 복합된 상품들이 출시되고 있다.

종신보험은 사망관련 강력한 보장기능을 제공하지만, 다른 보험에 비해 보험료가 상대적으로 비싼 특징이 있다. 가장의 수입에 절대적으로 의존해야 하는 경우 가장에게 꼭 필요한 보험일 수 있지만, 대체소득이 있거나 가장의 수입에 대한 의존 비중이 낮은 경우에는 보험료 대비 보험의 효율성이 낮을 수도 있다. 또한 60세 이하 사망을 보장하는 정기보험을 활용하면 상대적으로 저렴한 보험료로 유가족의 생활안정 자금을 보장할 수 있기 때문에 여러 측면에서 종신보험의 필요성과 상품성을 고민해 볼 필요가 있다.

종신보험에 가입하려고 결정했으면 하루라도 빨리 가입하는 게 좋다. 종신보험은 일부 특수한 경우를 제외하고 사망원인에 관계없이 사망보험금을 지급하기 때문에 보험료 산출에 있어 사망확률이 무엇보다 중요하다. 사망확률이 높아지면 보험료가 비싸지기 때문에 가입연령이 높아질수록 보험료 수준도 급격하게 높아지게 된다. 따라서 종신보험에 가입하고자 한다면 가급적 젊은 연령에 가입하여 보험료 수준을 최대한 낮춰야 한다.

제3보험은 최근 수년 내 가장 뜨거운 보장성 상품 중 하나이다. 제3보험은 사람을 대상으로 손실을 보상하는 상품으로 생명보험과 손해보험의 특성을 모두 갖고 있고, 삶의 질을 중시하는 사회 분위기와도 부합되면서 급격히 성장해 왔다. 종합건강보험은 제3보험의 가장

대표적 상품으로 상해 및 질병보험 등이 통합된 보험이다. 다양한 상해, 질병의 보장과 사망보험과 유사한 사망보장 기능을 제공함으로써 여러 보험을 대체할 수 있는 상품성도 지니고 있다. 생명보험사에 취급하는 건강보험상품은 사전에 보험금이 약정된 정액보상으로 보험사별 중복보상이 가능하고, 손해보험사의 상품은 실비보상으로 보험사별 중복보상이 되지 않는다. 종합건강보험 이외 제3보험으로 어린이 및 태아보험, CI보험 등이 있다.

자동차보험은 가장 대표적인 보장성 손해보험으로 차량소유주가 의무적으로 가입해야 하는 보험이다. 가장 익숙한 보험이지만 역설적으로 가장 잘 모르는 보험이기도 하다. 자동차보험의 가장 기본적인 부분은 차량소유주가 의무적으로 가입해야 하는 책임보험(대인배상1)이다. 책임보험은 교통사고 등으로 타인을 사상(死傷)케 하였을 경우에 대비하는 보험이다. 현재 대부분의 자동차보험은 책임보험 이외 대인배상2(책임보험금을 초과하는 금액 배상), 대물배상, 자기신체사고 및 자기차량손해 보장 등을 포함한 종합보험 형태로 출시되고 있다. 자동차종합보험의 책임보험 이외 보장부문은 임의 선택사항으로 각 부문의 선택여부와 보장규모에 따라 보험료 수준이 크게 달라진다.

자동차보험시장은 다이렉트 자동차보험의 출현으로 큰 전환기를 맞이하였다. 다이렉트 자동차보험은 고객이 설계사와 대리점을 거치지 않고, 전화와 인터넷으로 직접 자동차보험에 가입하는 상품으로 설계사와 대리점 비용만큼 보험료를 절약할 수 있는 상품이다. 2001년 첫 다이렉트 자동차보험사 출현 이후 다수의 다이렉트 자동차보

험사가 설립되면서 다이렉트 자동차보험시장은 급성장하게 되었다. 자동차보험의 중심축이 다이렉트 자동차보험으로 급격히 이동되면서 대형 보험사들도 기존의 자동차보험과 함께 다이렉트 자동차보험을 병행하여 취급하고 있다.

## ■ 보험상품 더 알기–저축성보험

사람들의 기대수명이 늘어나면서 연금보험에 대한 관심 또한 높아지고 있다. 일반 보험상품이 일시적 사고나 사망에 대비하는 상품이라면 연금상품은 반대로 오래 사는 상황에 대비하기 위해 개발된 상품이다. 물론 기본연금으로 국민연금이 있지만, 국민연금만으로 노후생활자금을 준비할 수 있다고 생각하는 사람은 많지 않을 것이다. 필요한 노후생활자금과 국민연금 수령액 사이의 간격을 메워줄 무엇이 필요한데, 연금상품이 그 역할 중 일부를 담당하고 있다. 대부분의 연금보험은 연금개시 전까지 보험으로서서 보장기능을 제공하고, 연금개시 후부터는 일반연금으로 전환된다.

연금보험이 인기가 높은 이유는 연금으로써 노후를 보장하는 측면 외에 세제 혜택이 있기 때문이다. 연금보험은 세제 혜택의 종류에 따라 세제적격상품과 세제비적격상품으로 구분할 수 있다. 세제적격상품인 연금저축보험은 보험납입금(연 400만원 한도)에 대해 연말정산 시 소득공제 혜택이 있고, 세제비적격상품인 일반연금보험은 소득공제 혜택은 없으나, 계약을 10년 이상 유지할 경우 이자소득에 대해 비과세한다.

　일반연금보험은 현재의 소득공제 필요성보다 은퇴 후 세금이 더 부담인 고객들에게 적합한 상품으로 생명보험사에서 주로 취급하고 있다. 일반연금보험은 보험료 적립금이 운용되는 형태에 따라 고정금리로 적립되는 고정이율형, 공시이율이라는 변동금리로 적립되는 공시이율형, 적립금의 일부가 펀드 등에 투자되는 변액형 등으로 분류될 수 있다. 외환위기 이전에는 고정이율형 상품이 주류를 이루었으나, 외환위기 이후 저금리 시대가 도래하면서 대부분의 상품이 공시이율형과 변액형으로 출시되고 있다.

　공시이율형 일반연금보험의 연금수령액은 공시이율에 따라 달라진다. 보험사가 매월 공시하는 공시이율은 보험료 적립금에 적용되는 금리로써 연금개시 전까지 공시이율이 높아질수록 연금수령액은 높아진다. 반면, 현재와 같이 저금리시대가 오래 유지되면 연금수령액은 낮아질 수밖에 없다.

　종신형 연금보험은 생존기간 동안 연금을 수령하는 구조이므로 경험생명표의 기대수명이 연금수령액과 연금보험료 산출에 중요한 잣대가 된다. 경험생명표의 기대수명이 길어질수록 더 많은 횟수의 연금을 지급하게 되므로 보험사는 연금수령액 자체를 축소시키거나 보험료를 인상하게 된다. 경험생명표는 가입 시점을 기준으로 적용할 수도 있고, 연금개시 시점을 기준으로 적용할 수도 있는데, 가입 시점의 경험생명표를 적용하는 상품이 연금보험 가입자에게 더 유리하다. 사람들의 기대수명이 점진적으로 증가하고 있기 때문에 연금개시 시점의 경험생명표를 적용하면 기대수명이 더 길어지고, 이에 따라 1회 지급되는 연금수령액이 작아질 수밖에 없기 때문이다.

연금저축보험을 포함한 연금저축은 5년(2013년 이전 가입 계좌는 10년) 이상의 기간 동안 적립한 금액을 연금형태로 돌려받는 저축상품이다. 연말정산 시 소득공제 혜택을 얻으면서 노후생활까지 준비할 수 있어 특히 직장인에게 인기가 높다. 5년(2013년 이전 가입 계좌는 10년) 이상의 부금 납입, 55세 이후 15년(2013년 이전 가입 계좌는 5년) 이상의 연금수령 조건을 충족하면 불입액의 100%, 연 400만원까지 소득공제가 되고, 향후 연금수령 시에는 5%의 연금소득세가 과세된다. 계약을 중도해지하거나 연금을 일시금으로 수령할 경우 22%의 기타소득세가 과세되고, 5년 이내 중도해지할 경우 2.2%의 해지가산세가 추가 부과된다.

[표 6-12] 연금저축의 분류 및 특성

| 구분 | 납입방식 | 적용이율 | 원금보장 | 주요 판매사 |
| --- | --- | --- | --- | --- |
| 연금저축보험 | 매월 정액 | 공시이율 | 보장 | 보험/은행/증권사 |
| 연금저축신탁 | 자유적립/정액 | 실적배당 | 보장 | 은행 |
| 연금저축펀드 | 자유적립/정액 | 실적배당 | 비보장 | 증권사, 은행 |

※ 자료 출처 : 금융소비자 리포트 제1호 연금저축, 금융감독원, 2012

연금저축은 표 6-12와 같이 취급기관에 따라 연금저축보험, 연금저축신탁, 연금저축펀드로 분류된다. 이들 상품은 연금개시 전 적립금 운용형태만 다를 뿐 전체적인 특성은 유사하다. 연금저축보험은

적금과 같은 적립식 상품에 보험기능을 더한 상품으로 생명보험 및 손해보험사에서 모두 취급하고 있다. 지난해 금융감독원에서 발표한 「금융소비자 리포트 제1호_연금저축」 결과를 보면 연금저축보험 상품의 10년 누적수익률이 연금저축펀드 및 연금저축신탁 상품에 비해 저조하게 나왔다. 이런 결과는 연금저축보험의 수수료 체계에서 기인한다고 볼 수 있다. 연금저축보험은 가입초기 공제 수수료율이 높고, 시간이 경과할수록 공제율 수준이 줄어드는데 반해, 연금저축펀드 및 연금저축신탁은 비교적 일정하게 공제 수수료율을 적용하고 있다. 따라서 연금저축의 투자기준으로 비교적 단기인 10년 누적수익률의 경우 연금저축보험의 성과가 저조할 수 있다. 또한 가입초기 수수료 공제비율이 높기 때문에 7년 이내 중도해지할 경우 다른 연금저축 상품에 비해 환급되는 금액이 작을 수도 있다.

그렇다고 해서 연금저축보험의 경쟁력이 없다고 볼 수는 없다. 연금저축은 15~40년에 걸친 장기상품이기 때문에 적립금 누적규모가 작은 계약초기보다 적립금 누적규모가 큰 계약 후반기의 수수료율 수준이 더 중요하다. 15년 이후 연금저축보험의 수수료율은 연 0.1% 수준으로 은행의 0.8%와 자산운용의 1.24%보다 상대적으로 낮은 수준이다. 따라서 초기수수료 수준으로 연금저축보험의 경쟁력을 평가하기엔 무리가 있다. 연금저축상품의 경쟁력은 투자자의 목적과 개인상황에 따라 다르게 평가될 수 있는 것이다. 20년 이상 장기계약을 희망하거나 보험의 보장기능을 원하는 사람에게는 연금저축보험이 가장 적합하고, 주식시장이나 채권시장의 탄력적 성과를 수취하기 원하는 사람에게는 연금저축펀드가 가장 적합하다. 물론 중간적

성향의 사람에게는 연금저축신탁이 어울릴 수 있다. 따라서 연금저축에 가입하고자 하는 사람은 상품의 경쟁력을 이분법적으로 구분하지 말고 자신에게 딱 맞는 상품을 선택해야 한다.

저축보험 역시 보장보다는 목돈 마련 등 저축기능에 초점이 맞춰진 상품이다. 만기 내 보험사건이 발생하면 보험금과 그동안 적립된 금액을 지급하고, 만기까지 보험사건이 발생하지 않을 경우 만기적립금을 지급하게 된다. 납입보험료 중 보장보험료의 비중이 작기 때문에 보험사건 발생 시 지급되는 보험금 수준 역시 일반보험에 비해 작은 수준이다. 납입보험료의 대부분을 차지하는 저축보험료는 만기까지 공시이율 기준으로 적립된다. 보험사가 매월 고시하는 공시이율은 시중금리보다 높은 수준이고, 10년 이상 유지 시 보험차익(이자소득)에 대한 비과세 혜택이 있기 때문에 저축보험은 표면적인 금리경쟁력을 갖고 있다. 또한 최근 출시되는 상품들은 최저보증이율을 설정하여 금리 하락 위험을 일정 수준 이하로 제한하고, 긴급자금 필요 시 중도에 자금을 인출할 수 있도록 하는 등 상품성을 높이고 있다.

하지만 저축보험의 가입은 신중해야 할 것 같다. 저축보험은 납입보험료가 아닌 납입보험료에서 사업비와 위험보험료를 차감한 금액을 기준으로 공시이율을 적용하여 만기보험금을 산출하게 된다. 따라서 실질적으로 금리가 더 높다고 단언하기 어렵다. 중도해약 시 환급금 수준이 낮은 것도 중요하게 고려해야 할 문제이다. 저축보험의 사업비는 초기에 집중되기 때문에 이른 시기에 보험계약을 해지할 경우 손해가 막심하다. 어느 언론에서 저축보험의 3년 내 계약해지율이 45%에 이른다는 기사를 본 적이 있다. 비과세를 목표로 하는 장기

상품의 초기 해약율이 높다는 것은 아이러니가 아닐 수 없다. 문제의 원인은 상품의 속성과 고객의 속성이 일치하지 않는다는데 있다. 저축보험은 장기투자 성향의 고객에게 적합한 상품이나 고금리 광고에 영향을 받아 단기투자 성향의 고객들이 저축보험에 많이 가입하고 있고, 이들 중 많은 사람들이 계약을 해지하고 있다. 10년은 정말 긴 세월이다. 그렇기 때문에 가입자 스스로 현명하게 판단해야 한다. 자신이 장기투자 성향을 갖고 있는지! 자신이 10년을 유지할 수 있는지!

## ■ 합리적 보험가입

'합리적'이란 말은 보험에 있어서 쉽지 않은 표현이다. 가입자 개개인의 환경은 물론 보험상품의 기능과 성격이 모두 다르기 때문이다. 그렇다고 별생각 없이 보험에 가입할 수는 없다. 어떻게든 보험가입과 합리성을 연계시켜야 한다. 본 글에서는 '합리적 보험가입'을 필수보험의 가입, 가격수준 대비 높은 보장수준을 제공하는 효율적 보험상품의 선택으로 정의하고 싶다. 물론 사람마다 다른 정의를 내릴 수 있겠지만, 총론적인 의미는 모두 비슷할 것이다. 합리적 보험가입의 개념이 정립되었으면 이제 합리적 보험가입의 실제적 절차에 대해 생각해야 한다.

합리적 보험가입의 첫 번째 단계는 필수보험을 정하는 것이다. 의무보험인 자동차보험을 제외하고 자신과 가정에 꼭 필요한 보험의 범위를 정한다. 피보험자가 가장인 경우 정기보험 내지 종신보험, 피보

험자가 가족인 경우 건강보험, 노후대비와 세제혜택을 위한 연금보험은 기본적으로 고려해야 할 보험이다.

필수보험을 결정했으면 다음으로 각 보험의 보장수준을 정해야 한다. 적정한 보장금액을 정하기 위해서는 향후 보험사건이 발생했을 때 필요한 보험금 수준을 먼저 예측해야 한다. 필요 보험금이 예측되고 이에 따라 보장금액이 정해지면 보험료는 기계적으로 산출된다. 일단 보험료가 산출되어도 또 한번 고민을 할 필요가 있다. 보장금액이 많으면 많을수록 좋겠지만 이에 따른 보험료 부담도 만만치 않기 때문에 미래보장과 현 지출 사이에서 균형점을 찾아야 한다. 한달 급여를 필수생활비, 보험료, 장기투자금, 유동자금 등으로 구분하고 각 항목 사이의 비율을 정할 필요가 있다. 가정마다 상황이 다르겠지만 보험료 수준은 통상 가계수입의 5~10% 수준이 적당한 것으로 보인다.

합리적 보험가입의 마지막 단계는 보험사 및 보험상품을 정하는 것이다. 현재 영업 중인 보험사가 많고, 유사한 보장기능을 제공하는 보험상품도 많이 있기 때문에 보험사 및 보험상품을 선택하는 것은 쉬운 일이 아니다. 판매사나 설계사들 입장에선 동일한 보장기능을 제공하는 상품이라면 판매마진이 높은 상품을 권할 가능성이 높기 때문에 판매사 및 설계사에 전적으로 의지할 수만은 없다. 따라서 본인이 주도적으로 보험사 및 보험상품을 결정할 필요가 있다.

보험사를 선택하는데 있어 가장 중요한 요소는 보험사에 대한 신뢰도이다. 보험은 장기간에 걸쳐 보험사건에 대한 보장을 제공하는 제도이기 때문에 제때 보험금을 지급할 수 있느냐가 중요한 관건이 된

다. 따라서 보험사에 대한 신뢰도가 중요할 수밖에 없다. 보험사의 신뢰도는 지급여력비율과 재무제표 등 건전성 자료로 파악할 수도 있고, 보험회사에 대한 주위 사람들의 평판을 통해 간접적으로 파악할 수도 있다.

당연한 얘기지만 보험을 가입하고자 하는 사람은 보험사건과 시간적 불확실성을 뛰어넘기 위해 신뢰도가 높은 보험사를 선택해야 한다. 보험기간이 길고 보장금액이 클수록 자산건전성이 높은 보험사를 선택하도록 한다. 이들 회사의 보험료는 다른 회사에 비해 약간 비싼 편이나, 추가보험료는 장기보험의 신뢰성 비용으로 생각해도 좋을 것이다. 다만 보험기간이 짧고 보장금액이 작은 보험의 경우에는 보험사의 표면적인 건전성 문제가 없는 범위 내에서 가격조건을 우선하여 보험사를 선택할 수도 있을 것이다.

보험사 내에서도 유사 기능의 보험상품이 많이 있기 때문에 보험상품을 선택하는 것 역시 쉬운 일이 아니다. 쉽지 않지만 그래도 기준은 필요하다. 보험상품을 선택할 때 가장 중요한 기준은 자기상황에 딱 맞는 보험상품을 선택하는 것이다. 아무리 좋은 보험상품이라도 자기에게 맞지 않으면 그림의 떡이 될 수 있다. 자기 상황에 맞는 보험상품이 복수라면 최적보험에 더 가까운 상품을 선택하면 된다. 최적보험은 보장기간이 길고, 보장범위가 넓으며, 보험료가 저렴한 보험이다. 물론 이 세가지 조건이 모두 충족되긴 어렵다. 선택대상에 있는 보험상품 중 최적보험에 더 부합하는 상품을 선택하면 된다.

# 글을 마치면서

많은 사람들이 부자가 되면 행복해 질 거라는 기대를 갖고 있습니다. 그래서 더 열심히 일하고 투자활동도 합니다. 하지만 부자가 되기 이전에 부자가 되기까지의 과정을 간과할 때가 많습니다. 사실 보통 사람들의 경우 부자가 된 이후보다 부자가 되기까지의 시간이 더 길텐데 말입니다. 부자가 된 이후 행복도 중요하지만, 부자가 되기까지 긴 시간 동안 행복하게 사는 것이 더 중요하다고 생각합니다. 그래서 행복하게 일해야 하고, 행복하게 투자활동을 해야 합니다. 저는 후자인 행복한 투자활동에 도움을 주고 싶었습니다. 이런 목적 아래 행복을 위한 수단인 투자생활이 목적인 행복을 저해하지 않도록 재불림 관점에서 금융의 기본 체계와 투자원리 등을 전달하였습니다.

이런 저의 의도에도 불구하고, 이 글을 읽는 과정은 한편의 긴 여정이었으리라 봅니다. 쉽게 다가왔던 부분도 있었을 것이고, 개념적으로 어려워 건너 뛴 부분도 있었을 것입니다. 인내심을 갖고 끝까

지 일독하신 여러분께 박수를 쳐 드립니다. 그리고 시간이 날 때마다 본문의 주요 부분을 다시 읽어 주시기 바랍니다. 그러면 재불림이 당신의 것이 될 것입니다!


### 마지막 질문입니다!

Basic 1. 필수보험은 가입하셨나요? ➡ 보장성보험은 기본입니다~

Basic 2. 많이 쌓고 계신가요? ➡ 적금, 적립식 펀드 다 좋습니다~

Basic 3. 자산을 배분하고 계신가요? ➡ 분산투자 필요합니다~

Basic 4. 투자성과 괜찮습니까? ➡ 투자원리 잊지 마세요~

참고문헌

『세무의 이해』•고동호•와우엠비에이, 2009.

『부동산과 세금』•국세청, 2009.

"금융소비자 리포트, 제1호 연금저축"•금융감독원, 2012.

『채권투자가이드』•금융투자협회, 2010.

『워렌 버핏 투자 노트』•메리 버핏·데이비드 클라크(역 : 이은주·이재석)
•국일증권경제연구소, 2007.

『장외파생상품을 활용한 신금융상품설계』•노상규·임원규•도서출판 구상, 2008.

『주식투자전략』•박용희•유비온, 2009.

『위험관리론』•오세경·김진호·이건호•경문사, 1999.

『부의 리모델링』•전인석·원종희·김대웅·곽홍석•매경출판, 2007.

『선물·옵션 투자의 이론과 전략(제5판)』•존 헐(역 : 김철중·박경욱·윤평식)
•피어슨에듀케이션코리아, 2004.

†

"Asset Valuation and Equity"·CFA L2 Program Curriculum Volume 4
·CFA INSTITUTE, 2008.

"Portfolio Management 1"·CFA L3 Candidate Readings Book 3
·CFA INSTITUTE, 2006.

『Modern Portfolio Theory and Investment Analysis(6th Ed)』
·Edwin J. Elton·Martin J. Gruber·Stephen J. Brown·William N. Goetzmann
·John Wiley & Sons, 2003.

『Handbook of Hedge Funds』·François-Serge Lhabitant
·John Wiley & Sons, 2006.

『Principles of Risk Management and Insurance(6th Ed)』
·George E. Rejda·ADDISON-WESLEY, 1997.

『Handbook of Behavioral Finance』·Brian Bruce
·Edward Elgar, 2010.

금융감독원 홈페이지 • 〈www.fss.or.kr〉

한국은행 홈페이지 • 〈www.bok.or.kr〉

한국은행 경제통계시스템 홈페이지 • 〈ecos.bok.or.kr〉

한국거래소 홈페이지 • 〈www.krx.co.kr〉

보험개발원 홈페이지 • 〈www.kidi.or.kr〉

전국은행연합회 홈페이지 • 〈www.kfb.or.kr〉

금융투자협회 홈페이지 • 〈www.kofia.or.kr〉

KB부동산 홈페이지 • 〈nland.kbstar.com〉

Behavioural Finance 관련 정보 홈페이지 • 〈www.behaviouralfinance.net〉

소중한 당신께 드립니다.

소중한 ＿＿＿＿＿＿＿＿＿ 님의

재불림을 통한 행복한 삶을 기원합니다.

＿＿＿＿＿＿＿＿＿ 드림